Auténtico

LEVELED VOCABULARY
AND GRAMMAR WORKBOOK

CORE PRACTICE

SAVVAS
LEARNING COMPANY

Table of Contents

Tema 6: La casa

Tema 7: De compras

Tema 8: Experiencias

Tema 9: Medios de comunicación

Para empezar

En la escuela

¿Cómo te llamas?

It is the first day of school in Madrid, and students are getting to know each other. Complete the dialogues by circling the appropriate words and phrases.

1. **A:** ¡Hola! (Hasta luego. / ¿Cómo te llamas?)

   B: Me llamo Rubén. ¿Y tú?

   A: Me llamo Antonio.

   B: (Mucho gusto. / Bien, gracias.)

   A: Igualmente, Rubén.

2. It is 9:00 in the morning.

   A: (¡Buenas tardes! / ¡Buenos días!) ¿Cómo te llamas?

   B: Buenos días. Me llamo Rosalía. ¿Cómo te llamas tú?

   A: Me llamo Enrique. (¿Cómo estás, Rosalía? / Gracias, Rosalía.)

   B: Muy bien, gracias. ¿Y tú?

   A: (Encantado. / Bien.)

   B: Adiós, Enrique.

   A: (¡Sí! / ¡Nos vemos!)

3. It is now 2:00 P.M.

   A: ¡Buenas tardes, Sr. Gómez!

   B: (¡Buenas noches! / ¡Buenas tardes!) ¿Cómo te llamas?

   A: Me llamo Margarita.

   B: Mucho gusto, Margarita.

   A: (Buenos días. / Encantada.) ¡Adiós, Sr. Gómez!

   B: (¡Hasta luego! / ¡Bien!)

En la escuela

¿Eres formal o informal?

A. Circle the phrases below that can be used to talk to teachers. Underline the phrases that can be used to talk to other students. Some phrases may be both circled and underlined.

¡Hola!	¿Cómo está Ud.?	Mucho gusto.	¿Qué tal?
Buenos días.	¿Cómo estás?	¿Y usted?	¡Hasta luego!
¡Nos vemos!	Buenos días, señor.	Estoy bien.	¿Y tú?

B. Circle **Ud.** or **tú** to indicate how you would address the person being spoken to.

1. "Hola, Sr. Gómez."   **Ud.**   **Tú**

2. "¿Qué tal, Luis?"   **Ud.**   **Tú**

3. "¿Cómo estás, Paco?"   **Ud.**   **Tú**

4. "¡Buenos días, profesor!"   **Ud.**   **Tú**

5. "Adiós, señora."   **Ud.**   **Tú**

C. Number the following phrases from 1–5 to create a logical conversation. Number 1 should indicate the first thing that was said, and 5 should indicate the last thing that was said.

_____ Bien, gracias, ¿y Ud.?

_____ ¡Hasta luego!

_____ Buenas tardes.

_____ ¡Buenas tardes! ¿Cómo está Ud.?

_____ Muy bien. ¡Adiós!

Por favor

Your Spanish teacher has asked you to learn some basic classroom commands. Write the letter of the appropriate phrase next to the picture it corresponds to.

1. _____

2. _____

A. Saquen una hoja de papel.

B. Siéntense, por favor.

C. Repitan, por favor.

D. ¡Silencio, por favor!

E. Levántense, por favor.

3. _____

4. _____

5. _____

Para empezar

Fecha _____ Core Practice **P–4**

En la escuela

Los números

A. Here are some simple math problems. First, fill in each blank with the correct number. Then, find the Spanish word for that number in the word search to the right.

1. $7 \times 8 =$ _____

2. 50, 40, _____ , 20, 10 . . .

3. $75 + 7 =$ _____

4. 55, 60, 65, _____ , 75, 80 . . .

5. 97, 98, 99, _____ . . .

6. $24 \div 2 =$ _____

7. 72, 60, _____ , 36, 24 . . .

```
O C H E N T A Y D O S L C T
M O J X U E Y S W H U S S R
O G X L E G I L E C E H M E
G U N V C T B C R T U C G I
O H C O Y A T N E R A U C N
T T C C V A T N W L Y F W T
M B K W C E T U Y O N L O A
E F Q F Q A N B Y F K R L V
H C E E A Y R T D M W D A W
C I N C U E N T A Y S E I S
R E C O J I W C J Y G Q U Q
U L J D I U D G V X D D K G
```

B. As exchange students, you and your classmates are finding it hard to get used to the time difference. Below are some statements about time differences in various U.S and Spanish-speaking cities. Write in the times that correspond to each. Follow the model.

| Modelo | 10:30 | 10:30 | Cuando son las diez y media en Chicago, son las diez y media en Panamá. |

1. Cuando es la una y media en Washington, D.C., son las dos y media en Buenos Aires.

2. Cuando son las doce y cuarto en la Ciudad de México, es la una y cuarto en San Juan.

3. Cuando son las diez en Nueva York, son las diez en La Habana.

4. Cuando son las seis y cuarto en San Francisco, son las ocho y cuarto en Lima.

5. Cuando son las dos de la mañana (A.M.) en Madrid, son las siete de la tarde (P.M.) en Bogotá.

Para empezar

En la escuela

El cuerpo

A. You are watching your neighbor's toddler Anita for a few hours after school. She is playing with her **muñequita** (*doll*) Chula and is practicing words to identify body parts. Help her by drawing lines to connect her doll's body parts with their correct names.

el ojo   *la boca*

el dedo   *el estómago*

la nariz

la mano

el brazo   *el pie*

la cabeza   *la pierna*

B. Now write three sentences using the phrase **me duele** and body parts.

1. _____

2. _____

3. _____

Combinaciones

A. Write the correct article (**el** or **la**, or both) before each of the items below.

1. _____ bolígrafo

2. _____ lápiz

3. _____ sala de clases

4. _____ profesora

5. _____ cuaderno

6. _____ carpeta

7. _____ profesor

8. _____ estudiante

9. _____ pupitre

10. _____ hoja de papel

B. To make sure that there are enough school supplies for everyone, your teacher has asked you to help take inventory. Complete each sentence by writing the name and number of each item pictured. Follow the model.

Modelo   veinticinco   No hay un _libro_. Hay _25_ _____.

1.   sesenta y siete   No hay un _____. Hay _____.

2.   cien   No hay una _____. Hay _____.

3.   veintiuno   No hay un _____. Hay _____.

4.   diecinueve   No hay un _____. Hay _____.

5.   treinta y seis   No hay un _____. Hay _____.

Para empezar

En la clase

El calendario

February has just ended on a leap year. Because of this, Pepe is completely lost in planning out March. Help him get his days straight by using the calendar. Follow the model.

lunes	martes	miércoles	jueves	viernes	sábado	domingo
				1	2	3
4	5	6	7	8	9	10
11	12	13	14	15	16	17
18	19	20	21	22	23	24
25	26	27	28	29	30	31

Modelo   TÚ: Hoy es el cinco de marzo.
PEPE: ¿Es jueves?
TÚ: No, es martes.

1. TÚ: Hoy es el treinta de marzo.

PEPE: ¿Es lunes?

TÚ: _____

2. TÚ: Hoy es el trece de marzo.

PEPE: ¿Es domingo?

TÚ: _____

3. TÚ: Hoy es el veintiuno de marzo.

PEPE: ¿Es domingo?

TÚ: _____

4. TÚ: Hoy es el once de marzo.

PEPE: ¿Es miércoles?

TÚ: _____

5. TÚ: Hoy es el primero de marzo.

PEPE: ¿Es martes?

TÚ: _____

6. TÚ: Hoy es el doce de marzo.

PEPE: ¿Es sábado?

TÚ: _____

7. TÚ: Hoy es el veinticuatro de marzo.

PEPE: ¿Es viernes?

TÚ: _____

8. TÚ: Hoy es el diecisiete de marzo.

PEPE: ¿Es lunes?

TÚ: _____

La fecha

A. Write out the following dates in Spanish. The first one is done for you.

Día/Mes

2/12   _el dos de diciembre_____

9/3   _____

5/7   _____

4/9   _____

8/11   _____

1/1   _____

> **¿Recuerdas?**
>
> Remember that when writing the date in Spanish, the day precedes the month.
>
> - 19/12 = el 19 de diciembre = December 19
> - 27/3 = el 27 de marzo = March 27

B. Now, answer the following questions about dates in complete sentences.

1. ¿Cuál es la fecha de hoy?

_____

2. ¿El Día de San Valentín es el trece de enero?

_____

3. ¿Cuál es la fecha del Año Nuevo?

_____

4. ¿La Navidad (*Christmas*) es el 25 de noviembre?

_____

5. ¿Cuál es la fecha del Día de San Patricio?

_____

6. ¿Cuál es la fecha del Día de la Independencia?

_____

7. ¿Cuál es la fecha de mañana?

_____

¿Qué tiempo hace?

You and several Spanish-speaking exchange students are discussing the weather of your home countries.

A. Fill in the chart with the missing information for the area in which you live.

Meses	Estación	Tiempo
diciembre enero _____	_____	_____
marzo _____ _____	_____	_____
junio _____ _____	el verano	_____
_____ _____ noviembre	_____	hace viento, hace sol

B. Complete the dialogues below with information from the chart.

1. PROFESORA: ¿Qué tiempo hace en julio?

   ESTUDIANTE: _____

2. PROFESORA: ¿En enero hace calor?

   ESTUDIANTE: _____

3. PROFESORA: ¿En qué meses hace frío?

   ESTUDIANTE: _____

4. PROFESORA: ¿Qué tiempo hace en el verano?

   ESTUDIANTE: _____

5. PROFESORA: ¿Nieva en agosto?

   ESTUDIANTE: _____

Repaso

Fill in the crossword puzzle with the Spanish translation of the English words given below.

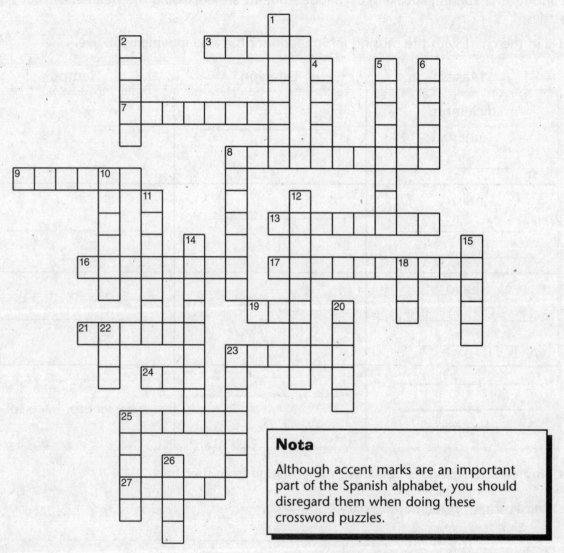

Nota

Although accent marks are an important part of the Spanish alphabet, you should disregard them when doing these crossword puzzles.

Across

3. pencil
7. season
8. See you later!
9. it is raining
13. it is cold
16. winter
17. September
19. day
21. head
23. madam, Mrs.
24. foot
25. week
27. fall

Down

1. Friday
2. Monday
4. it is snowing
5. male teacher
6. January
8. it is sunny
10. summer
11. desk
12. it is hot
14. spring
15. the date
18. month
20. arm
22. year
23. Saturday
25. sir, Mr.
26. Hello

Para empezar

Organizer

I. Vocabulary

Greetings and good-byes

_____

_____

_____

_____

_____

Classroom objects

_____

_____

_____

_____

_____

_____

Body parts

_____

_____

_____

_____

_____

_____

Words to talk about time

_____

_____

_____

_____

_____

Phrases to talk about names

_____

_____

Forms of address (Formal)

_____

_____

_____

Forms of address (Informal)

_____

Phrases to ask and tell how you feel

_____

_____

_____

_____

Days of the week

_____

_____

_____

_____

_____

_____

_____

Months of the year

_____

_____

_____

_____

_____

_____

_____

_____

_____

_____

_____

Seasons

_____

_____

_____

_____

Weather expressions

_____

_____

_____

II. Grammar

1. The word *the* is a definite article in English. The singular definite articles in Spanish are _____ and _____ , as in _____ **libro** and _____ **carpeta**.

2. Most nouns ending with _____ are masculine. Most nouns ending with _____ are feminine.

La pregunta perfecta

Complete each sentence using the word or phrase that best describes the picture.

1. ¿Te gusta _____?

2. A mí me gusta _____.

3. ¿Te gusta _____?

4. No me gusta _____. ¿Y a ti?

5. Pues, me gusta mucho _____.

6. Sí, me gusta mucho _____.

7. ¿Te gusta mucho _____?

8. Me gusta _____.

9. ¡Me gusta mucho _____!

10. No, ¡no me gusta nada _____!

¿A ti también?

Several friends are talking at the bus stop about what they like and do not like to do. Based on the pictures, write the activity that the first person likes or does not like to do. Then, complete the second person's response. Make sure to use **también** or **tampoco** when expressing agreement and disagreement.

1. _____   ENRIQUE: A mí me gusta mucho _____.
    ¿A ti te gusta?

    DOLORES: Sí, _____.

2.   PABLO: Me gusta _____.
    ¿A ti te gusta?

    MARTA: No, _____.

3.   JAIME: No me gusta _____.
    ¿A ti te gusta?

    JULIO: No, _____

4.   MARÍA: Me gusta _____.
    ¿A ti te gusta?

    JULIA: No _____

5.   CARMEN: No me gusta nada _____.
    ¿A ti te gusta?

    JOSEFINA: Sí, _____.

6.   ROBERTO: Me gusta _____.
    ¿A ti te gusta?

    PEDRO: Sí, _____.

¿Te gusta o no te gusta?

You are talking to some new students about the things that they like to do. Using the drawings and the model below, complete the following mini-conversations.

Modelo

— ¿Te gusta *hablar por teléfono*?
— *Sí, me gusta mucho.*

— ¿Te gusta *nadar*?
— *No, no me gusta nada.*

1. — ¿Te gusta _____?
— _____.

2. — ¿Te gusta _____?
— _____.

3. — ¿Te gusta _____?
— _____.

4. — ¿Te gusta _____?
— _____.

5. — ¿Te gusta _____?
— _____.

6. — ¿Te gusta _____?
— _____.

¿Qué te gusta hacer?

Complete the dialogues below to find out what activities these friends like and dislike.

1. MIGUEL: ¿Te gusta ir a la escuela?

   RITA: Sí. _____ mucho ir a la escuela.

   ¿Y _____?

   MIGUEL: Sí, a mí me gusta _____ también. No me gusta

   _____ ver la tele _____ jugar videojuegos.

   RITA: _____ tampoco.

2. JUAN: No _____ patinar.

   PAULA: _____ tampoco. Me gusta leer revistas.

   JUAN: ¿_____ más, trabajar o _____

   _____ ?

   PAULA: _____ hablar por teléfono.

   JUAN: Sí. A mí _____ .

3. AMELIA: A mí _____ pasar tiempo con mis amigos.

   CARLOS: A mí me gusta _____ también.

   AMELIA: ¿Te gusta trabajar?

   CARLOS: No, _____ .

   AMELIA: _____ tampoco.

Capítulo 1A

El infinitivo

Decide what infinitive each picture represents. Then, based on its ending, write the verb in the appropriate column. Use the model as a guide.

	-ar	**-er**	**-ir**
Modelo	*patinar*	_____	_____
1.	_____	_____	_____
2.	_____	_____	_____
3.	_____	_____	_____
4.	_____	_____	_____
5.	_____	_____	_____
6.	_____	_____	_____
7.	_____	_____	_____
8.	_____	_____	_____

Las actividades en común

Cristina is feeling very negative. Using the pictures to help you, write Cristina's negative responses to Lola's questions. Use the model to help you.

Modelo

LOLA: *¿Te gusta patinar?* _____

CRISTINA: *No, no me gusta nada patinar.* _____

1.   LOLA: _____

CRISTINA: _____

2.   LOLA: _____

CRISTINA: _____

3.   LOLA: _____

CRISTINA: _____

4.   LOLA: _____

CRISTINA: _____

5.   LOLA: _____

CRISTINA: _____

La conversación completa

At lunch, you overhear a conversation between Sara and Graciela, who are trying to decide what they would like to do after school today. Since it is noisy in the cafeteria, you miss some of what they say. Read the conversation through to get the gist, then fill in the missing lines with what the friends probably said.

GRACIELA: ¿Qué te gusta hacer?

SARA: _____ .

GRACIELA: ¿Nadar? Pero es el invierno. ¡Hace frío!

SARA: Sí. Pues, también _____ .

GRACIELA: Pero hoy es martes y no hay programas buenos en la tele.

SARA: Pues, ¿qué _____ hacer a ti?

GRACIELA: _____ .

SARA: ¡Uf! Hay un problema. No me gusta ni jugar videojuegos ni usar la computadora.

GRACIELA: Hmm . . . ¿_____?

SARA: No, _____ nada patinar.

GRACIELA: ¿Te gusta bailar o cantar?

SARA: No, _____ .

GRACIELA: Pues, ¿qué _____ , Sara?

SARA: _____ hablar por teléfono.

GRACIELA: ¡A mí también! ¿Cuál es tu número de teléfono?

Repaso

Fill in the crossword puzzle below with the actions indicated by the pictures.

Down

2.

4.

7.

8.

11.

12.

Across

1.

3.

5.

6.

9.

10.

13.

14.

Organizer

I. Vocabulary

Activities I like to do
_____
_____
_____
_____
_____

Activities I may not like to do
_____
_____
_____
_____
_____

Words to say what I like to do
_____
_____
_____

Words to say what I don't like to do
_____
_____
_____

Words to ask what others like to do
_____
_____
_____
_____

II. Grammar

1. The infinitive in English is expressed by writing the word _____ before a verb. In Spanish the infinitive is expressed by the verb endings _____ , _____ , and _____ .

2. In order to say that something doesn't happen in Spanish, use the word _____ before the verb.

3. Use the word _____ to agree with someone who likes something. Use the word _____ to agree with someone who dislikes something.

4. If you do not like either of two choices, use the word _____ .

¿Cómo es?

At school you see many different types of people. Describe each person you see in the picture by writing the appropriate adjective on the corresponding blank.

1. _____

2. _____

3. _____

4. _____

5. _____

6. _____

7. _____

8. _____

Un juego de descripción

Each picture below represents a personality trait. Unscramble the word to identify each trait. Write down the trait, and then circle the picture that corresponds to the unscrambled word.

1. ísiattcar _____

2. rvoidate _____

3. ddonaesdreo _____

4. jadartobaar _____

5. iacoarsg _____

6. zeerosap _____

7. vesrdoaer _____

8. utoiesdas _____

Capítulo 1B   Fecha _____   Core Practice **1B–3**

¿Cómo eres?

Tito is interviewing Jorge and Ana, two new students from Costa Rica. Tito's questions are written below, but most of Jorge's and Ana's answers are missing. Complete their answers, using the model to help you.

Modelo   TITO: Ana, ¿eres perezosa?

ANA: No, *no soy perezosa* _____.

1. TITO: Jorge, ¿eres talentoso?

   JORGE: Sí, _____.

2. TITO: Ana, ¿eres estudiosa?

   ANA: Sí, _____.

3. TITO: Jorge, ¿eres desordenado?

   JORGE: No, _____.

4. TITO: Ana, ¿eres deportista?

   ANA: No, _____.

5. TITO: Jorge, ¿eres sociable?

   JORGE: Sí, _____.

6. TITO: Ana, ¿eres paciente?

   ANA: No, _____.

7. TITO: Jorge, ¿eres inteligente?

   JORGE: Sí, _____.

8. TITO: Ana, ¿eres artística?

   ANA: No, _____.

¿Qué les gusta?

Based on what each person likes to do, write a description of him or her. Follow the model.

Modelo   A Roberto le gusta esquiar.

Roberto es atrevido.

1. A Esteban le gusta tocar la guitarra.

_____

2. A Pedro le gusta hablar por teléfono.

_____

3. A Claudia le gusta practicar deportes.

_____

4. A Teresa le gusta estudiar.

_____

5. A Luz no le gusta trabajar.

_____

6. A Manuela le gusta ir a la escuela.

_____

7. A Carmen le gusta pasar tiempo con amigos.

_____

8. A Lucía le gusta dibujar.

_____

Me gusta . . .

Some new exchange students at your school are introducing themselves. Using the model as a guide, fill in the blanks in their statements with the actions and adjectives suggested by the pictures. Do not forget to use the correct (masculine or feminine) form of the adjective.

Modelo

A mí _me gusta leer_ .

Yo _soy inteligente_

1.

A mí _____ .

Yo _____ .

2.

A mí _____ .

Yo _____ .

3.

A mí _____ .

Yo _____ .

4.

A mí _____ .

Yo _____ .

5.

A mí _____ .

Yo _____ .

6.

A mí _____ .

Yo _____ .

¿Un o una?

A. Look at the drawings below and decide if they represent masculine or feminine words. Then, label the item in the space provided. Don't forget to use the appropriate indefinite article (**un** or **una**).

Modelo   *un profesor*

1. _____

2. _____

3. _____

4. _____

5. _____

6. _____

B. Now, look at the drawings below and describe each person. Make sure to use all the words from the word bank. Don't forget to use the correct definite article (**el** or **la**) and to make the adjectives agree with the nouns.

estudiante	familia	chico	chica	profesor	profesora

Modelo   *La estudiante*
          es trabajadora.

1. _____

2. _____

3. _____

4. _____

5. _____

6. _____

Oraciones completas

Choose sentence parts from each of the word banks below, then put them in the correct order to form complete sentences. Follow the model.

Subjects:		**Verbs:**		
Marta	Yo	es	soy	eres
El Sr. Brown	Rolando			
La Srta. Moloy	Tú			

Indefinite articles + nouns:		**Adjectives:**	
un estudiante	una estudiante	reservado(a)	deportista
un chico	un profesor	inteligente	estudioso(a)
una chica	una profesora	perezoso(a)	bueno(a)

Modelo   *Yo soy un chico estudioso.*

1. _____

2. _____

3. _____

4. _____

5. _____

6. _____

7. _____

8. _____

9. _____

10. _____

Capítulo 1B

Fecha _____ **Core Practice** **1B–8**

Repaso

Down

1. según mi _____

2. no paciente

3. no ordenado

5. Un chico/una chica que practica deportes es _____ .

6. *I like:* "Me _____ ."

8.

11. No es trabajador. Es _____ .

13.

15.

16. Le gusta pasar tiempo con amigos. Es _____ .

18. —¿Cómo _____ ?
—Soy sociable.

Across

4.

7. *nice, friendly*

9. no es malo, es _____

10. ¿ _____ se llama?

12.

14.

17.

19.

20.

Organizer

I. Vocabulary

Words that describe me

_____

_____

_____

_____

_____

Words that may describe others

_____

_____

_____

_____

_____

Words to ask what someone is like

_____

_____

_____

_____

Words to tell what I am like

_____

_____

_____

_____

II. Grammar

1. Most feminine adjectives end with the letter _____. Most masculine adjectives end with the letter _____.

2. Adjectives that can be either masculine or feminine may end with the letters _____ (as in the word _____) or the letter _____ (as in the word _____).

3. The two singular definite articles are _____ and _____. The two singular indefinite articles are _____ and _____.

4. In Spanish, adjectives come (before/after) the nouns they describe.

Capítulo 2A   Fecha _____

Las clases

A. Write the name of the item, and the school subject for which you might use it, in the appropriate column below.

¿Qué es?   ¿Para qué clase?

1. _____   1. _____

2. _____   2. _____

3. _____   3. _____

4. _____   4. _____

5. _____   5. _____

6. _____   6. _____

B. Now, unscramble the letters in each word below to find out what classes you have today and what you need to bring to school.

1. éilsgn: la clase de _____   6. ngtíalceoo: la clase de _____

2. trea: la clase de _____   7. birol: el _____

3. ncoridcoiia: el _____   8. lpsñoea: la clase de _____

4. zlpiá: el _____   9. cámtmeistaa: la clase de _____

5. aduclcralao: la _____   10. rteaa: la _____

Vocabulario en contexto **31**

El horario

You have just received your class schedule. Using the model as a guide, write sentences to describe which classes you have and when you have them.

> # Horario
>
> | Hora | Clase |
> |------|-------|
> | 1 | inglés |
> | 2 | matemáticas |
> | 3 | arte |
> | 4 | ciencias sociales |
> | 5 | el almuerzo |
> | 6 | tecnología |
> | 7 | español |
> | 8 | educación física |
> | 9 | ciencias naturales |

Modelo   Tengo _*la clase de inglés*_ en _*la primera hora*_.

1. Tengo _____ en _____.

2. Tengo _____ en _____.

3. Tengo _____ en _____.

4. Tengo _____ en _____.

5. Tengo _____ en _____.

6. Tengo _____ en _____.

7. Tengo _____ en _____.

8. Tengo _____ en _____.

¿Cómo son las clases?

Your friend Marcos is curious about which classes you like and which ones you don't like. Answer his questions using adjectives that you have learned in this chapter. Follow the model.

Modelo   ¿Te gusta la clase de matemáticas?

Sí, _es interesante_____ .

1. — ¿Te gusta la clase de tecnología?

   — Sí, _____ .

2. — ¿Te gusta la clase de español?

   — Sí, _____ .

3. — ¿Te gusta la clase de matemáticas?

   — No, _____ .

4. — ¿Te gusta la clase de ciencias sociales?

   — Sí, _____ .

5. — ¿Te gusta la clase de ciencias naturales?

   — No, _____ .

6. — ¿Te gusta la clase de educación física?

   — No, _____ .

7. — ¿Te gusta la clase de inglés?

   — Sí, _____ .

8. — ¿Te gusta la clase de arte?

   — Sí, _____ .

¿Qué necesitas?

You are getting ready for school, and your mother wants to make sure you have everything. Answer her questions according to the model.

Modelo   MAMÁ: ¿Tienes la tarea?

TÚ: Sí, *tengo la tarea* .

1. MAMÁ: ¿Tienes un libro?

   TÚ: Sí, _____.

2. MAMÁ: ¿Necesitas una calculadora?

   TÚ: No, _____.

3. MAMÁ: ¿Tienes una carpeta de argollas para la clase de matemáticas?

   TÚ: No, _____.

4. MAMÁ: ¿Necesitas un diccionario para la clase de español?

   TÚ: Sí, _____.

5. MAMÁ: ¿Tienes el cuaderno para la clase de arte?

   TÚ: No, _____.

6. MAMÁ: ¿Tienes un lápiz?

   TÚ: Sí, _____.

7. MAMÁ: ¿Necesitas el horario?

   TÚ: No, _____.

8. MAMÁ: ¿Tienes un bolígrafo?

   TÚ: Sí, _____.

¡Todo el mundo!

A. How would you talk *about* the following people? Write the correct subject pronoun next to their names. Follow the model.

Modelo Marisol _____ *ella* _____

1. Pablo _____

2. María y Ester _____

3. Marta y yo _____

4. Tú y Marisol _____

5. El doctor Smith _____

6. Jorge y Tomás _____

7. Carmen _____

8. Alicia y Roberto _____

9. Rolando y Elena _____

B. How would you talk *to* the following people? Write the correct subject pronoun next to their names. Follow the model.

Modelo Tu amiga Josefina _____ *tú* _____

1. El profesor Santiago _____

2. Marta y Carmen _____

3. Anita y yo _____

4. Tu amigo Federico _____

5. La señorita Ibáñez _____

6. Ricardo _____

7. La profesora Álvarez _____

El verbo exacto

A. Fill in the chart below with all the forms of the verbs given.

	yo	tú	él/ella/Ud.	nosotros/nosotras	vosotros/vosotras	ellos/ellas/Uds.
hablar	hablo				habláis	hablan
estudiar				estudiamos	estudiáis	
enseñar		enseñas			enseñáis	
usar					usáis	
necesitar			necesita		necesitáis	

B. Now, fill in the blanks in the following sentences with the correct forms of the verbs in parentheses.

1. Ella _____ inglés. (estudiar)

2. Yo _____ mucho. (bailar)

3. Nosotros _____ por teléfono. (hablar)

4. Ellos _____ la computadora durante la primera hora. (usar)

5. ¿Quién _____ un bolígrafo? (necesitar)

6. Tú _____ en bicicleta mucho, ¿no? (montar)

7. Uds. _____ muy bien en la clase de arte. (dibujar)

8. Nosotras _____ hoy, ¿no? (patinar)

9. El profesor _____ la lección. (enseñar)

10. Ana y María _____ el libro de español. (necesitar)

11. Jaime _____ todos los días. (caminar)

12. Dolores y yo _____ . (bailar)

13. Tú y tus amigos _____ muy bien. (cantar)

Capítulo 2A Fecha _____ Core Practice **2A-7**

¿Qué hacen hoy?

A. Today everyone is doing what he or she likes to do. Follow the model to complete sentences about what everyone is doing.

Modelo A Luisa le gusta bailar. Hoy _____*ella baila*_____.

1. A ti te gusta cantar. Hoy _____.

2. A mí me gusta hablar por teléfono. Hoy _____.

3. A Francisco le gusta patinar. Hoy _____.

4. A Ud. le gusta dibujar. Hoy _____.

5. A Teresa le gusta practicar deportes. Hoy _____.

B. Using the pictures to help you, tell what everyone is doing today. Follow the model.

Manuel y Carlos

Modelo Hoy ___*ellos montan en monopatín*___.

 Amelia y yo

1. Hoy _____.

 tú y Roberto

2. Hoy _____.

 Cristina, Miguel y Linda

3. Hoy _____.

 tú y yo

4. Hoy _____.

 Joaquín y Jaime

5. Hoy _____.

Sofía y Tomás

6. Hoy _____.

Repaso

Across ─────────────

2. No es difícil. Es ____.

4. la ____ de español

5. *homework*

8. educación ____

12. _____ el ____

14. no divertida

15. **ciencias** ____ : *science*

16. ____, octavo, noveno

17. _____ el ____

18. La profesora ____ la clase.

Down ─────────────

1. _____ las ____

3. ____ **sociales**: *social studies*

6. *lunch*

7. carpeta de ____

9. *schedule*

10. cuarta, ____, sexta

11. _____ la clase de ____

13. primero, segundo, ____

Nombre _____

Hora _____

Fecha _____

Core Practice **2A–9**

Organizer

I. Vocabulary

Classes I take in school

_____

_____

_____

_____

Words used to refer to people

_____

_____

_____

_____

Words to talk about the order of things

_____

_____

_____

_____

_____

_____

Words to describe my classes

_____

_____

_____

_____

_____

II. Grammar

1. The following are subject pronouns in Spanish:

   _____ , _____ , _____ , _____ , _____ ,

   _____ , _____ , _____ , _____ ,

2. Use _____ to address someone formally. Use _____
   to address someone informally.

3. The **-ar** verb endings are: _____ _____ _____ _____ _____

   Now conjugate the verb **hablar**: _____ _____

   _____ _____

   _____ _____

En la clase

Label the items in this Spanish class. Make sure to use the correct definite article (**el** or **la**).

1. _____

2. _____ 6. _____ 10. _____

3. _____ 7. _____ 11. _____

4. _____ 8. _____ 12. _____

5. _____ 9. _____

¡Mucha confusión!

You come home after school to find a scene of great confusion in your kitchen. Look at the picture, then describe what you see by filling in the blanks in the sentences below with the appropriate words to indicate location.

1. Paquito está _____ del escritorio.

2. Mamá está _____ de la luz (*the light*).

3. Papá está _____ de la ventana.

4. La papelera está _____ de la puerta.

5. Las hojas de papel están _____ de la mesa.

6. Carmen está _____ de la silla.

7. El reloj está _____ de la mesa.

8. El libro está _____ de la silla.

9. El teclado está _____ de la pantalla.

¿Dónde está?

Rosario is describing the room where she studies to a friend of hers on the phone. Using the picture below, write what she might say about where each item is located. There may be more than one right answer. Follow the model.

Modelo   La mochila está _encima de la silla_____.

1. El escritorio está _____.

2. La computadora está _____.

3. La papelera está _____.

4. El teclado está _____.

5. Una bandera de los Estados Unidos está _____.

6. La silla está _____.

7. El sacapuntas está _____.

8. Los libros de español están _____.

¿Qué es esto?

Complete the following conversations that you overhear in school.

1. **A:** ¿_____ estudiantes hay en la clase?

   B: _____ veintidós estudiantes en la clase.

2. **A:** ¿_____?

   B: Es la mochila.

3. **A:** ¿_____ está la computadora?

   B: Está allí, al lado de las ventanas.

4. **A:** ¿_____ una bandera en la sala de clases?

   B: Sí, la bandera está allí.

5. **A:** ¿Dónde están los estudiantes?

   B: Los estudiantes _____ la clase de inglés.

6. **A:** ¿Dónde está el teclado?

   B: Está delante _____ la pantalla.

7. **A:** ¿Dónde está el diccionario?

   B: _____ está, debajo del escritorio.

8. **A:** ¿Qué hay _____ la mochila?

   B: Hay muchos libros.

¿Dónde están?

Spanish teachers are conversing in the faculty room. Fill in their conversations using the correct form of the verb **estar**.

1. — ¡Buenos días! ¿Cómo _____ Ud., Sra. López?

— _____ bien, gracias.

2. — ¿Dónde _____ Raúl hoy? No _____ en

mi clase.

— ¿Raúl? Él _____ en la oficina.

3. — Yo no tengo mis libros. ¿Dónde _____?

— Sus libros _____ encima de la mesa, profesor Martínez.

4. — ¿Cuántos estudiantes _____ aquí?

— Diecinueve estudiantes _____ aquí. Uno

no _____ aquí.

5. — ¿Dónde _____ mi diccionario?

— El diccionario _____ detrás del escritorio.

6. — ¿Cómo _____ los estudiantes hoy?

— Teresa _____ bien. Jorge y Bernardo _____

regulares.

7. — Bien, profesores, ¿_____ nosotros listos (*ready*)? Todos los

estudiantes _____ en la clase.

Muchas cosas

A. Fill in the chart below with singular and plural, definite and indefinite forms of the words given. The first word has been completed.

Definite		Indefinite	
singular	plural	singular	plural
la silla	las sillas	una silla	unas sillas
		un cuaderno	
			unos estudiantes
	las computadoras		
la mochila			
			unos relojes
		una bandera	
la profesora			

B. Now, fill in each sentence below with words from the chart.

1. Pablo, ¿necesitas _____ de los Estados Unidos? Aquí está.

2. Marta, ¿tienes _____? ¿Qué hora es?

3. Hay _____ Macintosh en la sala de clases.

4. _____ está en la sala de clases. Ella enseña la clase de tecnología.

5. Necesito _____ buena. Tengo muchos libros.

Capítulo 2B

¡Aquí está!

It was a very busy afternoon in your classroom, and things got a little out of order. Write eight sentences describing where things are to help your teacher find everything.

Modelo	*El escritorio está debajo de la computadora* .

1. _____

2. _____

3. _____

4. _____

5. _____

6. _____

7. _____

8. _____

Nombre _____ Hora _____

Repaso

Across

2.

5. la _____ de clases

9.

12.

14.

15. La _____ está detrás del pupitre.

16. La computadora está en la _____.

17. *window*

19.

Down

1. *pencil sharpener*

3. no está encima de, está _____ de

4.

6.

7. al _____ de: *next to*

8. no delante

10.

11.

13. *mouse*

18. No estás aquí, estás _____.

Organizer

I. Vocabulary

Items in my classroom	Words to tell the location of things
_____	_____
_____	_____
_____	_____
_____	_____
_____	_____
_____	_____
_____	_____
_____	_____
_____	_____
_____	
_____	
_____	

II. Grammar

1. The forms of **estar** are: _____ _____

   _____ _____

   _____ _____

2. _____ and _____ are the singular definite articles in

   Spanish. Their plurals are _____ and _____.

3. The singular indefinite articles are _____ and _____ in

   Spanish. Their plurals are _____ and _____.

Tus comidas favoritas

You are getting ready to travel as an exchange student to Spain and you are e-mailing your host family your opinions on different foods. Circle the name of the food item that best completes each sentence below.

1. En el desayuno, yo como ____

   a. cereal.   **b.** un sándwich.

2. Mi comida favorita es ____

   a. el té.   **b.** la pizza.

3. Mi fruta favorita es ____

   a. la fresa.   **b.** la sopa.

4. Para beber, yo prefiero ____

   a. los huevos.   **b.** los refrescos.

5. A mí me gusta el jugo de ____

   a. manzana.   **b.** salchicha.

6. En el almuerzo, yo como ____

   a. un sándwich.   **b.** cereal.

7. Cuando hace frío, yo bebo ____

   a. té helado.   **b.** té.

8. Un BLT es un sándwich de verduras con ____

   a. jamón.   **b.** tocino.

9. Cuando voy a un partido de béisbol, yo como ____

   a. la sopa.   **b.** un perrito caliente.

10. En un sándwich, prefiero ____

    a. el queso.   **b.** el yogur.

¿Desayuno o almuerzo?

Your aunt owns a restaurant and is making her breakfast and lunch menus for the day. Help her by writing the foods and beverages that you think she should serve for each meal in the right places on the menus. Some words may be used more than once.

Tus preferencias

You are asking Corazón, an exchange student from Venezuela, about various food items that she likes to eat. Use the pictures to help you complete Corazón's answers. Follow the model.

TÚ: ¿Tú comes galletas?

Modelo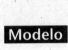
CORAZÓN: No. _Yo como huevos_____.

TÚ: ¿Tú comes salchichas?

1. CORAZÓN: No. _____.

TÚ: ¿Te gusta más _____ o _____?

2. CORAZÓN: _____ el café.

TÚ: ¿Tú bebes mucha limonada?

3. CORAZÓN: No. _____.

TÚ: ¿Tú comes mucha sopa de verduras?

4. CORAZÓN: No. _____.

TÚ: ¿Tú bebes té helado?

5. CORAZÓN: No. _____.

TÚ: ¿Tú compartes el desayuno con amigos?

6. CORAZÓN: No. _____.

¿Qué comes?

Carolina, the new exchange student, is having a hard time figuring out the kinds of foods that people like to eat. Answer her questions in complete sentences, using **¡Qué asco!** and **¡Por supuesto!** in at least one answer each.

1. ¿Comes hamburguesas con plátanos?

_____

2. ¿Comes el sándwich de jamón y queso en el almuerzo?

_____

3. ¿Bebes leche en el desayuno?

_____

4. ¿Te gusta la pizza con la ensalada de frutas?

_____

5. ¿Comes papas fritas en el desayuno?

_____

6. ¿Compartes la comida con tu familia?

_____

7. ¿Comes un perro caliente todos los días?

_____

8. ¿Te encantan las galletas con leche?

_____

El verbo correcto

A. Fill in the chart below with all the forms of the verbs given.

	yo	tú	él/ella/Ud.	nosotros/ nosotras	vosotros/ vosotras	ellos/ ellas/Uds.
comer			come		coméis	
beber		bebes			bebéis	
comprender	comprendo				comprendéis	
escribir				escribimos	escribís	
compartir					compartís	comparten

B. Now, using the verbs from Part A, write the missing verb to complete each sentence below.

1. Antonio _____ sus papas fritas con Amelia.

2. Uds. _____ los sándwiches de queso.

3. Yo _____ las salchichas en el desayuno.

4. Nosotros _____ el té helado.

5. Ana _____ la tarea.

6. Tú _____ una carta al profesor.

7. Yo _____ el pan con Jorge.

8. Él _____ jugo de naranja en el desayuno.

9. Nosotros _____ con un lápiz.

10. Paula y Guillermo hablan y _____ español.

11. ¿_____ tú leche en el desayuno?

12. Manolo y Federico _____ las galletas con Susana.

¿Qué te gusta?

A. List your food preferences in the blanks below.

Me gusta	Me gustan	Me encanta	Me encantan
_____	_____	_____	*los sándwiches*
_____	_____	_____	_____
			_____

B. Now, organize your preferences into complete sentences. Follow the model.

Modelo   <u>*Me encantan los sándwiches*.</u> _____

1. _____
2. _____
3. _____
4. _____
5. _____
6. _____
7. _____
8. _____

C. Using the words given, write a sentence about each food. Follow the model.

Modelo   El té (encantar) <u>*Me encanta el té.*</u> _____

1. los plátanos (gustar) _____
2. la pizza (encantar) _____
3. las papas fritas (encantar) _____
4. el pan (gustar) _____

Mini-conversaciones

Fill in the blanks in the mini-conversations below with the most logical question or answer.

1. — ¿Comparten Uds. el sándwich de jamón y queso?

   — Sí, nosotros _____ el sándwich.

2. — ¿_____ tú todos los días?

   — No, nunca corro. No me gusta.

3. — ¿_____ en el desayuno?

   — ¡Qué asco! No me gustan los plátanos.

4. — ¿_____?

   — Sí, profesora. Comprendemos la lección.

5. — ¿_____?

   — Mi jugo favorito es el jugo de manzana.

6. — ¿_____?

   — Más o menos. Me gusta más la pizza.

7. — ¿_____?

   — ¡Por supuesto! Me encanta el cereal.

Nombre _____

Hora _____

Fecha _____

Repaso

Down

2. más o ____
4. ¡Qué ____! No me gustan los guisantes.
5.
6.
7. el té ____
8. las ____ fritas
11. *food*
14.
16. un jugo de ____
17. No como carne. Me gusta la sopa de ____.
19. En los Estados Unidos el ____ es un sándwich y algo de beber.
20. un ____ de naranja

Across

1. *always*
3. El Monstruo Comegalletas come muchas ____.
6. el ____ tostado
9. Me gusta el sándwich de jamón y ____.
10.
12.
13. Muchas personas comen cereales con leche en el ____.
15. ¿Te gusta ____ el almuerzo con tus amigos?
18. Me gusta la ____ de frutas, no de lechuga.
21. un yogur de ____
22.
23.
24. el perrito ____

Organizer

I. Vocabulary

Breakfast foods	Lunch foods
_____	_____
_____	_____
_____	_____
_____	_____
_____	_____

Beverages	Words to express likes/dislikes
_____	_____
_____	_____
_____	_____
_____	_____

II. Grammar

1. The **-er** verb endings are: - _____   - _____
   - _____   - _____
   - _____   - _____

   Now conjugate the verb **beber**:   _____   _____
   _____   _____
   _____   _____

2. The **-ir** verb endings are: - _____   - _____
   - _____   - _____
   - _____   - _____

   Now conjugate the verb **compartir**:   _____   _____
   _____   _____
   _____   _____

3. To use **me gusta** and **me encanta** to talk about plural nouns, you add the letter

   _____ to the end of the verb.

¡A cenar!

A. You are having a party, and you need to make a shopping list. Write at least three items that you might want to buy under each category. You may use vocabulary from other chapters.

La ensalada de frutas:

_____

_____

_____

_____

_____

Las verduras:

_____

_____

_____

_____

_____

La carne:

_____

_____

_____

_____

_____

Bebemos:

_____

_____

_____

_____

_____

B. Now write three things your guests might like to eat after dinner.

_____

_____

_____

Más comida

A. Name the most logical food category to which each group of items belongs.

1. el bistec, el pollo, el pescado _____

2. las zanahorias, la cebolla, los guisantes _____

3. las uvas, las manzanas _____

4. el postre, la mantequilla _____

B. Now, answer the following questions logically in complete sentences.

1. ¿Debemos comer las uvas, el helado o los pasteles para mantener la salud?

_____

2. ¿Es sabrosa la ensalada de frutas con las papas o con los plátanos?

_____

3. ¿Comemos la mantequilla con el pan tostado o con el bistec?

_____

4. ¿Bebemos los refrescos o el agua para mantener la salud?

_____

C. Using the foods below, write sentences telling whether we should or shouldn't eat or drink each thing to maintain good health. Follow the model.

el agua *Debemos beber el agua para mantener la salud.*_____

1. los tomates _____

2. las grasas _____

3. los plátanos _____

4. las uvas _____

5. la mantequilla _____

6. la leche _____

Capítulo 3B

Fecha _____ Core Practice **3B–3**

La respuesta perfecta

You are learning about fitness and nutrition at school, and your friends want to know more. Answer their questions or respond to their statements in complete sentences.

1. ¿Es el tomate bueno para la salud?

_____

2. ¿Por qué caminas todos los días?

_____

3. ¿La mantequilla es buena para la salud?

_____

4. Creo que las grasas son horribles.

_____

5. ¿Qué debes hacer para mantener la salud?

_____

6. ¿Prefieres levantar pesas o caminar?

_____

7. Creo que los espaguetis son sabrosos. ¿Y tú?

_____

¿Qué comes?

Angel is asking his friend Estela about foods she likes. Fill in the blanks with the foods suggested by the pictures, then complete Estela's answers.

— ¿Te gustan _____?

1. —No, _____.

— ¿Prefieres _____ con _____ en el almuerzo o en la cena?

2. — _____ en el almuerzo.

— ¿Te gustan _____?

3. —Sí, _____.

— ¿Prefieres _____ de chocolate o de fruta?

4. — _____ de chocolate.

— ¿Comes _____?

5. —Sí, _____.

— ¿Siempre comes _____ en el almuerzo?

6. —No, _____.

— ¿Te gusta el _____ con _____?

7. —Sí, _____.

Vocabulario en contexto **61**

Capítulo 3B

Las descripciones

A. Fill in the chart below with the singular and plural, masculine and feminine forms of the adjectives given.

Masculine		Feminine	
singular	plural	singular	plural
sabroso			
	prácticos		
		fácil	
	aburridos		
			difíciles
divertido			
		artística	
			buenas
trabajador			

B. Now, complete the sentences below, using some of the words from the chart above. There may be more than one right answer.

1. La ensalada de frutas es _____ para la salud.

2. Me gustan mis clases; son _____ .

3. La tarea de matemáticas es _____ .

4. Te gustan las computadoras porque son _____ .

5. Mi profesor no come pescado porque cree que no es _____ .

6. Mis amigos son _____ ; dibujan muy bien.

7. Tus amigos son muy _____ ; trabajan mucho.

8. Esquiar y nadar son actividades muy _____ .

Nombre _____   Hora _____

Fecha _____   Core Practice **3B–6**

¿Cómo son?

Describe the following people using the pictures as clues. Use a form of **ser** plus an adjective. Follow the model.

Modelo

¿Cómo _____es_____ él?

Es popular _____.

1.

¿Cómo _____ él?

_____.

2.

¿Cómo _____ ella?

_____.

3.

¿Cómo _____ ellas?

_____.

4.

¿Cómo _____ ellos?

_____.

5.

¿Cómo _____ nosotras?

_____.

6.

¿Cómo _____ yo?

_____.

Gramática y vocabulario en uso **63**

La buena salud

Your cousin Eva has started a new diet and exercise program, and she has sent you an e-mail telling you all about it. Read her e-mail and answer the questions below in complete sentences.

Hola,

Para mantener la salud, como muchas verduras y frutas cada día. ¡Creo que son sabrosas! Yo hago ejercicio también. Me gusta caminar, pero prefiero levantar pesas. Siempre bebo mucha agua, y es mi bebida favorita. No debemos comer los pasteles, porque son malos para la salud. ¿Estás de acuerdo?

---

1. ¿Qué come Eva para mantener la salud?

_____

2. ¿Eva hace ejercicio?

_____

3. ¿A Eva le gustan las frutas?

_____

4. ¿Qué prefiere hacer Eva para mantener la salud?

_____

5. ¿Cuál es la bebida favorita de Eva?

_____

6. ¿Por qué no debemos comer los pasteles?

_____

Repaso

Across

3. el ___
5.
6. Prefiero las ensaladas de ___ y tomate.
8. el ___
10. Debes comer bien para mantener la ___.
12. *drinks*
13. el ___
16. *something*
18. Tengo ___. Necesito comer.
20. estoy de ___
22. Los ___ no son buenos para la salud pero son sabrosos.
24. ___ comer bien para mantener la salud.

Down

1. *meat*
2. un ___
4. las ___ verdes
7. los ___
9. Yo prefiero ___ la salud y comer bien.
11. las ___
14. *carrots*
15. Me gusta la comida de tu mamá. Es muy ___.
17.
19.
21. *dinner*
23. ___ los días; siempre

Organizer

I. Vocabulary

Fruits and vegetables

_____

_____

_____

_____

Starches

_____

_____

_____

_____

General food terms

_____

_____

_____

_____

Types of exercise

_____

_____

_____

_____

II. Grammar

1. Adjectives are _____ when describing one person or thing, and _____ when describing more than one person or thing.

2. To make an adjective plural, add _____ if the last letter is a vowel and _____ if the last letter is a consonant.

3. The forms of **ser** are: _____ _____

   _____ _____

   _____ _____

¿Qué hacen?

What do the people in your neighborhood like to do in their free time? Complete the following sentences based on the pictures.

1. La Sra. García lee un libro en

_____.

2. Jesús levanta pesas en

_____.

3. Los lunes tengo _____

con el Sr. Casals.

4. A Pedro le gusta pasar tiempo en _____

cuando tiene tiempo libre.

5. Elena y Tomás prefieren ir al _____

los viernes.

6. A mí me gusta ir a _____

cuando hace calor.

7. A Sara le gusta caminar en

_____.

8. Me gusta ir al _____

para comer.

Vocabulario en contexto **67**

¿Adónde vas?

Where do you go to do the following things? Write your answers in complete sentences. Follow the model.

Modelo esquiar _Voy a las montañas para esquiar._ _____

1. trabajar _____

2. leer, estudiar _____

3. hablar español _____

4. correr, caminar _____

5. ir de compras _____

6. tocar el piano _____

7. comer, beber _____

8. ver una película _____

9. nadar _____

10. hacer ejercicio _____

11. estar con amigos _____

12. levantar pesas _____

¿Qué hacen?

An exchange student from Chile wants to know where people go to do certain activities. Complete each conversation with the verb suggested by the first picture, then answer the questions based on the second illustration.

Modelo

— Cuando __*ves*__ una película, ¿adónde vas?

— _____*Voy al cine*_____.

1.

— Cuando _____, ¿adónde vas?

— _____.

2.

— Cuando _____, ¿adónde vas?

— _____.

3.

— Cuando _____, ¿adónde vas?

— _____.

4.

— Cuando _____, ¿adónde vas?

— _____.

5.

— Cuando _____, ¿adónde vas?

— _____.

6.

— Cuando _____, ¿adónde vas?

— _____.

El horario de Tito

Look at Tito's schedule for part of the month of February. Then answer the questions about his activities in complete sentences.

F E B R E R O						
lunes	*martes*	*miércoles*	*jueves*	*viernes*	*sábado*	*domingo*
8 trabajar	9 nadar	10 estudiar en la biblioteca	11 trabajar	12 ir al cine	13 ir al gimnasio	14 ir a la iglesia
15 trabajar	16 practicar karate	17 estudiar en la biblioteca	18 trabajar	19 ir al cine	20 ir al gimnasio	21 ir a la iglesia
22 trabajar	23 levantar pesas	24 estudiar en la biblioteca	25 trabajar	26 ir al cine	27 ir al gimnasio	28 ir a la iglesia

1. ¿Qué hace Tito los viernes?

_____

2. ¿Cuándo estudia Tito en la biblioteca?

_____

3. ¿Cuándo hace ejercicio Tito?

_____

4. Generalmente, ¿cuándo trabaja Tito?

_____

5. ¿Qué hace Tito los lunes?

_____

6. ¿Cuándo va a la iglesia Tito?

_____

7. ¿Qué hace Tito los fines de semana?

_____

Nombre _____   Hora _____

Fecha _____   Core Practice **4A–5**

Las actividades favoritas

Students are making plans for what they will do after school. Complete their conversations with the correct forms of the verb **ir**.

1. LOLIS: Hoy, (yo) _____ al parque después de las clases.

   ELIA: ¡Qué bien! María y yo _____ al cine.

   LOLIS: Mi amigo Pablo también _____ al cine hoy.

2. MARTA: Hola, Juan. ¿Adónde _____?

   JUAN: Pues, _____ a la clase de inglés, pero después

               _____ al centro comercial. ¿Y tú?

   MARTA: Pues, mis padres _____ a la playa y yo

               _____ con ellos.

   JUAN: ¡Qué bueno! ¿Cuándo _____ Uds.?

   MARTA: Nosotros _____ después de las clases.

3. RODOLFO: ¡Hola, Pablo, Felipe!

   PABLO Y FELIPE: ¡Hola, Rodolfo!

   RODOLFO: ¿Adónde _____ Uds.?

   PABLO: Pues, yo _____ a casa con unos amigos.

   FELIPE: Yo no _____ con él. _____ a la mezquita.

                  ¿Y tú?

   RODOLFO: Catrina y yo _____ a la piscina. Ella _____

                  al gimnasio más tarde.

   PABLO: Mi amiga Elena _____ al gimnasio con ella. Creo que

                  ellas _____ a las cinco.

   FELIPE: Es muy tarde. Tengo que _____. ¡Hasta luego!

Gramática y vocabulario en uso **71**

La pregunta perfecta

A. Complete the following questions with the correct question words.

1. ¿_____ es el chico más alto de la clase?

2. ¿_____ vas al cine? ¿Hoy?

3. ¿_____ es tu número de teléfono?

4. ¿_____ te llamas?

5. ¿_____ vas después de las clases hoy?

6. ¿_____ está mi libro de español?

7. ¿_____ es esto?

8. ¿_____ años tienes?

B. Now, form your own questions using some of the question words above.

1. ¿_____?

2. ¿_____?

3. ¿_____?

4. ¿_____?

5. ¿_____?

6. ¿_____?

7. ¿_____?

Nombre _____ Hora _____

Capítulo 4A   Fecha _____ Core Practice **4A–7**

¿Qué haces?

You are talking with your parents about your plans for the evening. They have lots of questions. Your answers are given below. Write your parents' questions in the spaces provided.

TUS PADRES: ¿_____?

TÚ: Voy a un restaurante.

TUS PADRES: ¿_____?

TÚ: Voy con unos amigos.

TUS PADRES: ¿_____?

TÚ: Ellos se llaman Roberto y Ana.

TUS PADRES: ¿_____?

TÚ: Roberto y Ana son de México.

TUS PADRES: ¿_____?

TÚ: Pues, Roberto es inteligente, trabajador y paciente.

TUS PADRES: ¿_____?

TÚ: Ana es deportista y estudiosa.

TUS PADRES: ¿_____?

TÚ: Después, nosotros vamos al cine.

TUS PADRES: ¿_____?

TÚ: ¿Después? Pues, voy a casa. ¡Uds. hacen muchas preguntas!

Repaso

Across

1. *temple*

4.

8. ¡No me ____!

9. *mosque*

11. – ¿Con ____ vas al cine?
    – Con Ana.

12. Tengo que ir a la ____ de piano.

14. No tengo tiempo ____.

15. Para la Navidad todos van de ____.

16. *after*

18. Me gusta la ____ *Desperado*.

19.

Down

2. Vamos a la ____ cuando hace calor.

3.

5. Me gusta caminar en el ____.

6.

7. el ____ comercial

10. Voy al ____ para levantar pesas.

13. Vamos al ____ para ver una película.

17.

20. Vas al ____ para trabajar.

Nombre _____   Hora _____

Capítulo 4A   Fecha _____   Core Practice **4A–9**

Organizer

I. Vocabulary

Some of my favorite places	Words to talk about other places
_____	_____
_____	_____
_____	_____
_____	_____
_____	_____

Interrogative words	Phrases related to leisure activities
_____	_____
_____	_____
_____	_____
_____	_____
_____	

II. Grammar

1. The forms of the verb **ir** are: _____ _____

   _____ _____

   _____ _____

2. **A.** In order to get information in English, we use the words *who, what, where, when, why,* and *how.* In Spanish these words are: _____ , _____ ,

   _____ , _____ , _____ y _____ .

   B. When asking a question in Spanish, the verb comes _____ the subject.

Repaso del capítulo ━ *Vocabulario y gramática* **75**

Capítulo 4B

Fecha _____

¿Eres deportista?

Write the name of the sport or activity indicated by the art.

1. _____

2. _____

3. _____

4. _____

5. _____

6. _____

7. _____

8. _____

9. _____

Nombre _____   Hora _____

Capítulo 4B   Fecha _____   Core Practice **4B–2**

Las invitaciones

You and your friends are making plans for the weekend. Complete your friends' invitations with the activities suggested by the pictures. Then accept the offers using complete sentences. Follow the model.

Modelo
— ¿Te gustaría _____*ir al cine*_____ este fin de semana?
— _____*Sí, me gustaría ir al cine*_____.

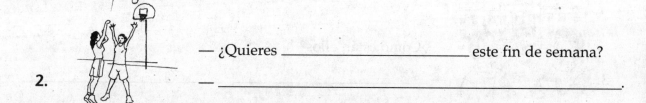

— ¿Puedes _____ este fin de semana?

1. — _____.

— ¿Quieres _____ este fin de semana?

2. — _____.

— ¿Puedes _____ este fin de semana?

3. — _____.

— ¿Te gustaría _____ este fin de semana?

4. — _____.

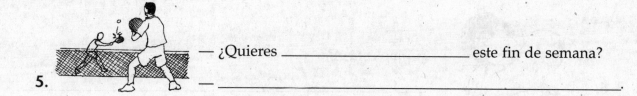

— ¿Quieres _____ este fin de semana?

5. — _____.

Vocabulario en contexto **77**

Capítulo 4B

Nombre _____

Hora _____

Fecha _____

Core Practice **4B–3**

¿Cómo están?

You have just arrived at school and are asking how your friends are doing. Using the pictures to help you, fill in the blanks with the correct form of **estar** and the appropriate adjective. Don't forget to make the adjective agree with the subject!

1. — ¿Cómo está ella?

— _____.

2. — ¿Cómo está él?

— _____.

3. — ¿Cómo están ellos?

— _____.

4. — ¿Cómo están ellas?

— _____.

5. — ¿Cómo están los estudiantes?

— _____.

6. — ¿Cómo está él?

— _____.

78 *Vocabulario en contexto*

¿A qué hora?

Lucía is very busy on the weekends. Answer the questions about her schedule using complete sentences.

Modelo ¿A qué hora usa la computadora?

Usa la computadora a las siete y media de la noche.

1. ¿A qué hora tiene que trabajar Lucía?

    _____

2. ¿A qué hora va a casa?

    _____

3. ¿Qué hacen Lucía y su amiga a las ocho de la mañana?

    _____

4. ¿A qué hora come la cena Lucía?

    _____

5. ¿Cuándo estudian ella y su amigo?

    _____

6. ¿Adónde va Lucía esta noche? ¿A qué hora?

    _____

Los planes

It is 10:00 Saturday morning, and you and your friends are making plans for the afternoon and evening. Using a form of **ir** + **a** + *infinitive*, write complete sentences about everyone's plans. Follow the model.

María

Modelo *María va a ir de compras esta tarde* .

Ana y yo

1. _____.

Pablo

2. _____.

Yo

3. _____.

Mis amigos

4. _____.

Tú

5. _____.

Nosotros

6. _____.

Ud.

7. _____.

Ana y Lorena

8. _____.

80 *Gramática y vocabulario en uso*

Demasiadas preguntas

Your friends are asking you to make plans for this weekend, but you are not able to do anything that they have suggested. Using the pictures to help you, respond to their questions using **ir** + **a** + *infinitive.* Follow the model.

¿Puedes ir al partido mañana?

Modelo   _No, no puedo. Voy a correr mañana_.

¿Quieres ir al partido esta noche?

1. _____.

¿Te gustaría ir al cine conmigo esta noche?

2. _____.

¿Quieres jugar al golf esta tarde?

3. _____.

¿Puedes jugar videojuegos conmigo el viernes?

4. _____.

¿Te gustaría ir de compras mañana por la noche?

5. _____.

¿Te gustaría ir al baile conmigo esta noche?

6. _____.

¿Quieres ir a la biblioteca conmigo?

7. _____.

¿Puedes ir de cámping conmigo este fin de semana?

8. _____.

¿A qué juegas?

Friends are talking about the sports that they enjoy playing. Write the correct form of the verb **jugar** to complete each sentence.

1. — ¿Marta juega al vóleibol?

— Sí, Rodrigo y ella _____ todos los días.

2. — Oye, ¿puedes jugar al básquetbol con nosotros?

— Lo siento, pero no _____ bien.

3. — ¿A qué juegan Uds.?

— Nosotros _____ al golf.

4. — Ellas juegan al tenis muy bien, ¿no?

— Sí, _____ muy bien.

5. — ¿_____ Ud. al básquetbol a la una?

— No. Tengo que ir a un concierto.

6. — Yo juego al fútbol hoy.

— ¡Ay, me encanta el fútbol! ¡_____ contigo!

7. — ¿Tú y Manuel jugáis al béisbol esta tarde?

— Sí. ¡_____ todos los días!

8. — ¿Qué hace Luz esta noche?

— Ella _____ al vóleibol a las ocho.

Nombre _____ Hora _____

Capítulo 4B

Fecha _____

Core Practice **4B–8**

Repaso

Across ———————

3. No puedo jugar. Estoy ____ ocupado.

4. *sad*

5.

7. Me gusta ver el ____ de béisbol.

9. yo sé, tú ____

10. Lo ____, pero no puedo.

12. el fútbol ____

15.

17. El *Jitterbug* es un ____.

19. *Great!*

20. Vamos al ____ para escuchar música.

21. *with me*

Down ———————————

1. Vamos a la ____ de cumpleaños de Paco.

2.

6. *afternoon;* la ____

7. me gusta ir de *fishing*

8. el ____ de semana

11. Ella trabaja mucho, siempre está ____.

13.

14. Es después de la tarde; la ____.

16. *Hey!*

17.

18. Voy a la escuela a las siete de la ____.

Repaso del capítulo — *Crucigrama* **83**

Organizer

I. Vocabulary

Words to talk about activities

_____

_____

_____

_____

Words to describe how you feel

_____

_____

_____

Words to accept or decline an invitation

_____

_____

_____

_____

Names of sports

_____

_____

_____

_____

_____

Words to say when something happens

_____

_____

_____

_____

II. Grammar

1. The forms of the verb **jugar** are: _____ _____

   _____ _____

   _____ _____

2. The preposition **con** becomes _____ to mean "with me" and _____ to mean "with you."

3. To say you are going to do something, you use the verb _____ + _____ + the action you are going to perform.

La familia

A. Patricia is telling you about her family. Label each person in her family tree with a word that describes his or her relationship to Patricia. You may use some words more than once.

(16 años) (10 años) (19 años) (22 años)   (12 años) (15 años) (9 años)

Patricia _____ _____ _____   _____ _____ _____

B. Now, answer the following questions by circling **sí** or **no**.

1. ¿Patricia tiene hermanastros?   Sí   No

2. ¿Patricia tiene hermanas mayores?   Sí   No

3. ¿Patricia tiene dieciséis años?   Sí   No

4. ¿Patricia tiene tres primos menores?   Sí   No

5. ¿Patricia tiene dos abuelas?   Sí   No

Capítulo 5A   Fecha _____   Core Practice **5A–2**

¿Quién es?

A. Complete the sentences below with the correct family relationships.

1. Mi ___ ___ (___) es la esposa de mi tío.

2. Mis ___ ___ ___ (___) ___ ___ ___ ___ son los hijos de mis padres.

3. Mi ___ ___ (___) ___ ___ es el hijo del hermano de mi padre.

4. Mi (___) ___ ___ ___ ___ ___ es la madre de mi madre.

5. Mi ___ ___ ___ ___ ___ ___ ___ (___) ___ es el esposo de mi madre (no es

   mi padre).

6. Yo soy la ___ ___ ___ (___) de mis padres.

7. Mi ___ ___ ___ (___) ___ es la hija de la hermana de mi padre.

8. Mis (___) ___ ___ ___ son los hermanos de mis padres.

9. Mamá y papá son mis ___ ___ (___) ___ ___ ___.

10. Mis ___ ___ (___) ___ ___ ___ ___ (___) ___ ___ ___ ___ son las hijas de

    la esposa de mi padre (no son mis hermanas).

B. Now, unscramble the circled letters to come up with another member of the family.

___ ___ ___ ___ ___ ___ ___ ___ ___ ___ ___

Capítulo 5A   Fecha _____   Core Practice **5A–3**

¡Una fiesta inesperada (*a surprise party*)!

The Rodríguez family is giving their older son Tomás a surprise birthday party. Complete their conversation, using the most logical word from the word bank.

luces	la piñata	tiene	decoraciones
dulces	pastel	celebrar	sólo
globos	sacar fotos	regalos	

MAMÁ: Vamos a hacer el plan porque vamos a _____ el cumpleaños

de Tomás. Él _____ doce años.

TÍA LULÚ: Sí, ¡vamos a celebrar! Primero, necesitamos un _____ para

comer ¿no? ¡Qué sabroso!

MAMÁ: Sí. Y necesitamos unas _____ perfectas. Vamos a necesitar un

globo y una luz.

TÍA LULÚ: ¿_____ *un* globo y *una* luz? ¡No, necesitamos muchos

_____ y muchas _____! También

necesitamos papel picado.

PABLITO: Oye, ¡yo tengo una cámara fabulosa! Puedo _____ en la fiesta

cuando Tomás abre los _____ .

MAMÁ: Sí, Pablito. ¡Muchas gracias! Y finalmente, pueden romper

_____ . ¿Tenemos _____?

TÍA LULÚ: Sí, tenemos muchos dulces.

PABLITO: ¡Qué buena fiesta!

La celebración

Raúl is explaining how he and his family are preparing for his sister's birthday party. Read his description and answer the questions that follow in complete sentences.

> Hoy es el cumpleaños de mi hermana menor, Gabriela. Mis padres y yo preparamos la fiesta. Mi mamá decora con el papel picado y las luces. Mi papá tiene los regalos y los globos. Yo preparo la mesa con los globos y el pastel. También tengo la cámara porque voy a hacer un video de la fiesta.
>
> Sólo nuestra familia va a estar aquí, pero con todos mis primos, mis tíos y mis abuelos tenemos muchas personas. A las cinco mi hermana va a estar aquí y la fiesta va a empezar.

1. ¿Quién es Gabriela? _____

2. ¿Para quién es la fiesta? _____

3. ¿Qué clase de fiesta es? _____

4. ¿Con qué decora Raúl? _____

5. ¿Qué tiene el papá? _____

6. ¿Qué va a hacer Raúl? _____

7. ¿Quiénes van a estar en la fiesta? _____

_____

8. ¿A qué hora va a empezar la fiesta? _____

Conversaciones

You overhear a group of students talking. Fill in the blanks in their conversations with the correct forms of the verb **tener**.

1. FRANCO: Hola, Carmen. ¿Qué tienes en la mano?

   CARMEN: (Yo) _____ un regalo para mi primo. Es su cumpleaños.

   FRANCO: Ah, ¿sí? ¿Cuántos años _____?

   CARMEN: _____ doce años.

   FRANCO: Mis primos también _____ doce años.

2. ELENA: ¡Oye, Carlos! ¿Cuántos años _____?

   CARLOS: ¿Yo? Yo _____ quince años. ¿Por qué?

   ELENA: Porque mi hermano y yo _____ una prima de quince

   años que _____ que ir a un baile el viernes. ¿(Tú)

   _____ planes?

   CARLOS: ¿El viernes? No, no _____ otros planes.

3. PABLO: Hola, José. Hola, Manolo. ¿(Uds.) _____ un dólar?

   JOSÉ: Sí, yo _____ un dólar. ¿Por qué?

   PABLO: Porque yo _____ hambre y quiero comprar un perrito

   caliente.

   MANOLO: ¿La cafetería _____ perritos calientes buenos?

   PABLO: Sí. ¿Quieres uno?

   JOSÉ: Sí, pero primero Manolo y yo _____ que ir a clase.

   PABLO: También _____ que ir a clase.

¿De quién es?

A. Fill in the following chart with the masculine and feminine, singular and plural forms of the possessive adjectives indicated.

hijo	tía	abuelos	hermanas
			mis hermanas
	tu tía		
su hijo			
		nuestros abuelos	
vuestro hijo	*vuestra tía*	*vuestros abuelos*	*vuestras hermanas*

B. Now, complete the following sentences by writing in the possessive adjective that corresponds with the English adjective in parentheses. Follow the model.

Modelo (*my*) ____Mi____ abuela es vieja.

1. (*our*) _____ abuelos van a la casa para hablar con nosotros.

2. (*your*) Sara, gracias por _____ libro.

3. (*my*) _____ prima es de Tejas.

4. (*your*) ¿Tienen mucha tarea en _____ clase de matemáticas?

5. (*their*) _____ tíos están en la oficina ahora.

6. (*my*) El perro come _____ galletas.

7. (*our*) Nosotros vamos a la escuela en _____ bicicletas.

8. (*your*) Profesor, ¿dónde está _____ oficina?

9. (*their*) _____ hijo es muy trabajador.

10. (*his*) _____ hermana está enferma.

Los regalos perfectos

Using the subjects below and the activities suggested by the pictures, write complete sentences about what your friends and relatives have for the party. Make sure you use the correct possessive adjective. Follow the model.

Mi primo Juan

Modelo *Mi primo Juan tiene su cámara.*

Mis tíos

1. _____

Alicia

2. _____

Tú

3. _____

Nosotros

4. _____

Yo

5. _____

Ud.

6. _____

La profesora Méndez

7. _____

Nosotras

8. _____

Repaso

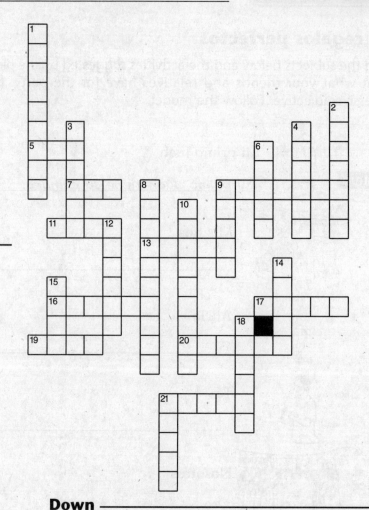

Across

5. La madre de mi primo es mi ___.

7. El hermano de mi padre es mi ___.

9. *sister*

11.

13. mi papá; el ___

16. La mamá de mi padre es mi ___.

17. Mi hermano y yo somos los ___ de nuestros padres.

19.

20.

21. mi mamá; la ___

Down

1. El esposo de mi madre; no es mi papá, es mi ___.

2. *brother*

3.

4. el papel ___

6.

8. ¡Feliz ___! ¿Cuántos años tienes?

9. Quiero ___ un video.

10. la madre de mi hermanastro; mi ___

12. Los hijos ___ la piñata.

14. Es el hermano de mi prima; mi ___.

15. ¿Quién ___ las fotos de la fiesta?

18. *parents*

21. no menor

Organizer

I. Vocabulary

To describe family relationships

_____

_____

_____

_____

_____

_____

_____

_____

Activities at a party

_____

_____

_____

_____

Items at a party

_____

_____

_____

_____

Words to express possession

_____

_____

_____

_____

II. Grammar

1. The forms of **tener** are: _____ _____

   _____ _____

   _____ _____

2. Possessive adjectives in Spanish are written as follows:

	Singular/Plural		Singular/Plural
my	_____ / _____	our	_____ / _____
your (familiar)	_____ / _____	your (pl., familiar)	_____ / _____
your (formal), his, hers	_____ / _____	your (pl., formal), their	_____ / _____

Capítulo 5B

Restaurante elegante

Label the following items with the correct word. Don't forget to use the correct definite article
(**el** or **la**).

1. _____   5. _____   9. _____

2. _____   6. _____   10. _____

3. _____   7. _____   11. _____

4. _____   8. _____

Las descripciones

You are telling your friends about some of your family members. Write descriptions of them in complete sentences. Follow the model.

Paco

Modelo _Paco es alto y tiene el pelo corto y negro._

El tío Roberto

1. _____

Melinda, mi madrastra

2. _____

El abuelito Jorge

3. _____

Los primos Juan y Manuel

4. _____

Esperanza

5. _____

La palabra correcta

Complete the following mini-conversations with the most logical words or phrases from your vocabulary.

1. — ¿Necesita Ud. algo?

    — Sí, me _____ un tenedor.

2. — ¿Te gusta la comida del Sr. Vargas?

    — Sí, es deliciosa. ¡Qué _____!

3. — ¿Quieres otra _____ de café?

    — No, gracias.

4. — ¿Desea Ud. un té helado?

    — Sí, porque tengo _____.

5. — ¿Qué vas a _____ de postre?

    — Yo quiero el flan.

6. — ¿Necesitan _____ más?

    — Sí, la cuenta por favor.

7. — Muchas gracias.

    — De _____.

8. — ¿Qué quisiera Ud. de _____ _____?

    — Me gustaría el arroz con pollo.

9. — ¿Estás cansado?

    — Sí, tengo _____.

10. — ¿Bebes el café?

    — Sí, porque tengo _____.

Cita (*date*) en español

A. David and Rocío are on a date at a Spanish restaurant. Using the vocabulary you have learned in this chapter, write their possible responses to the waiter's questions. Use complete sentences.

CAMARERO: ¿Qué desean Uds. de plato principal?

DAVID: _____

ROCÍO: _____

CAMARERO: ¿Cómo está la comida?

DAVID: _____

ROCÍO: _____

CAMARERO: ¿Desean algo más?

DAVID: _____

ROCÍO: _____

B. Now, based on the waiter's responses, write what you think David or Rocío may have asked the waiter.

DAVID: ¿_____?

CAMARERO: Sí, le traigo una servilleta.

ROCÍO: ¿_____?

CAMARERO: Sí, ahora puede pedir algo de postre.

DAVID: ¿_____?

CAMARERO: Un café, por supuesto. ¿Tiene sueño?

¿Quién viene?

Your class has decided to put on a talent show, and you are in charge of scheduling what time everyone is coming to audition for different skits. Your friend Lola is anxious to know the schedule. Answer her questions using the picture below. Follow the model.

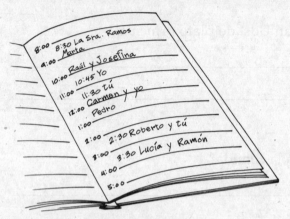

Modelo   ¿Quién viene a las ocho y media?

La Sra. Ramos viene a las ocho y media.

1. ¿Quién viene a las nueve?

   _____

2. ¿Quién viene a las diez?

   _____

3. ¿Quién viene a las once menos cuarto?

   _____

4. ¿Quién viene a las once y media?

   _____

5. ¿Quién viene a las doce?

   _____

6. ¿Quién viene a la una?

   _____

7. ¿Quién viene a las dos y media?

   _____

8. ¿Quién viene a las tres y media?

   _____

Una carta para mamá

Read the following letter from Rosaura to her mom in Spain. Write the form of **ser** or **estar** that best completes each sentence.

Querida mamá:

¡Aquí _____ en Chicago! Chicago _____ una gran ciudad

con muchas personas que _____ muy interesantes. La comida

_____ fantástica. La especialidad _____ la pizza. ¡Qué rica!

Vivo con una familia muy simpática. Tienen un hijo que siempre

_____ contento y una hija que _____ muy estudiosa.

¡_____ las nueve de la noche y ella _____ en la biblioteca!

Los chicos de la escuela también _____ estudiosos, pero no muy

serios. Mis compañeros y yo _____ muy buenos amigos y

_____ juntos todos los fines de semana. Una amiga, Vera,

_____ boliviana y _____ divertidísima. Vera y yo

_____ en la misma clase de biología.

Bueno, mamá, _____ muy tarde. Mañana voy a _____

muy ocupada y necesito dormir. Pero sabes ahora que todo _____

bien aquí y que yo _____ contenta. Besos para ti y para papá.

Un abrazo,

Rosaura

¿Qué van a comer?

The Vázquez family is getting ready to order dinner in a restaurant. Look at the pictures to get an idea of the person's needs. Answer the questions below using vocabulary that would most logically go in each situation.

1.

¿Cómo está la Sra. Vázquez? _____

¿Qué debe pedir de plato principal? _____

¿De postre? _____ ¿Y para beber? _____

2.

¿Cómo están los chicos? _____

¿Qué deben pedir de plato principal? _____

¿De postre? _____ ¿Y para beber? _____

3.

¿Cómo está Elisita? _____

¿Qué debe pedir de plato principal? _____

¿De postre? _____ ¿Y para beber? _____

4.

¿Cómo está el Sr. Vázquez? _____

¿Qué debe pedir de plato principal? _____

¿De postre? _____ ¿Y para beber? _____

Repaso

Across _____

6. *blond;* el pelo ____

7. Shaquille O'Neal es ____ .

8. Uds. ____ cansados.

12. Paquito no es viejo. Es ____ .

13. ¡Camarero, la ____ por favor!

15.

16. Mi abuela tiene el pelo ____ .

17. Ella tiene 88 años. Es ____ .

18. Necesito un cuchillo y un
____ para comer el bistec.

19. sal y ____

21. Necesito un té. Tengo ____ .

Down _____

1. *red-haired (m.)*

2. El Sr. López es un ____ .

3. *napkin*

4. Nosotros ____ bajos.

5. *good-looking (f.)*

9. ____ el pelo ____

10. ¿Qué quieres de ____?
El flan.

11. Quiero un té
helado. Tengo ____ .

13. no largo

14.

18. Quiero una ____ de
café.

19. el plato ____

20. La Sra. Miranda es
una ____ .

Organizer

I. Vocabulary

To describe people

_____

_____

_____

_____

_____

_____

_____

Things at a restaurant

_____

_____

_____

_____

_____

_____

Words to describe how you're feeling

_____

Words to order food and beverages

_____

_____

_____

_____

_____

_____

II. Grammar

1. The forms of **venir** are: _____ _____

   _____ _____

   _____ _____

2. For physical and personality descriptions, and to tell what time it is, use the verb

   _____. To talk about location and physical and emotional states,

   use the verb _____.

Capítulo 6A

Un dormitorio nuevo para mí

Ignacio is moving into his sister's room when she goes away to college. His parents have told him that he can bring anything into his new room that he can carry by himself. Make a list of eight things that he would definitely be able to bring with him, and five things that he definitely wouldn't be able to bring. Use the examples given to help you.

Traer conmigo

El lector DVD

_____

_____

_____

_____

_____

_____

_____

No traer conmigo

La pared

_____

_____

_____

_____

_____

Capítulo 6A

Muchos colores

Write the names of the color or colors that you associate with the following things. Don't forget to make the colors agree in gender and number.

1. el jugo de naranja _____

2. la limonada _____

3. el 14 de febrero _____

4. el 25 de diciembre _____

5. el sol _____

6. la nieve _____

7. unas zanahorias _____

8. la bandera de los Estados Unidos _____

9. un tomate _____

10. la piscina _____

11. la noche _____

12. el Día de San Patricio _____

Nombre _____ Hora _____

Fecha _____ Core Practice **6A–3**

La experiencia nueva

A. Read the letter that Gloria wrote to her friend in Spain about her host family in Chile.

Querida Sandra,

    Lo paso muy bien aquí con la familia Quijano. Desde el primer día aquí, tengo mi propio dormitorio. Hay una cama, una mesita, una lámpara, un escritorio con una silla pequeña y un espejo. También hay una ventana con cortinas amarillas. La mejor cosa del cuarto es la lámpara. Es roja, negra y marrón y es muy artística. Creo que es la lámpara más bonita del mundo.

    El cuarto también es bonito. Las paredes son moradas. Sólo quiero mi equipo de sonido y mis discos compactos.

Abrazos,

Gloria

B. Now, answer these questions in complete sentences.

1. ¿A Gloria le gusta la familia?

    _____

2. ¿Comparte Gloria el dormitorio con otro estudiante?

    _____

3. ¿De qué color son las paredes en el dormitorio de Gloria?

    _____

4. ¿Tiene Gloria su equipo de sonido en su dormitorio?

    _____

5. ¿Cómo es la lámpara en el dormitorio de Gloria? ¿A ella le gusta?

    _____

6. ¿De qué color son las cortinas en el dormitorio de Gloria?

    _____

¿Dónde está todo?

Movers just finished putting everything into Marcela's new room. Help her locate everything by describing where the items are in the picture below. Follow the model.

Modelo *Una lámpara está al lado del televisor.*

_____

_____

_____

_____

_____

_____

Nombre _____   Hora _____

Fecha _____

Las comparaciones

Felipe and Mónica are brother and sister who are very different from each other. Using their pictures and the model to help you, write comparisons of the two siblings. Remember to make the adjectives agree in gender with the subject.

Modelo Mónica / alto *Mónica es más alta que Felipe.*_____

1. Felipe / serio _____

2. Mónica / sociable _____

3. Mónica / rubio _____

4. Felipe / estudioso _____

5. Felipe / alto _____

6. Mónica / viejo _____

7. Felipe / rubio _____

8. Felipe / joven _____

9. Mónica / serio _____

Los premios Óscar

The following chart rates movies according to certain categories. Four stars is the best rating, one star is the worst rating. Using the chart as a guide, write complete sentences comparing the three movies. Follow the model.

	Una tarde en agosto	Mi vida	Siete meses en Lima
Actores – talentosos	****	**	***
Fotografía – artística	****	*	***
Ropa – bonita	***	****	***
Director – creativo	****	***	**
Cuento – interesante	****	**	*

Modelo   actores / "Una tarde en agosto"

Los actores de "Una tarde en agosto" son los más talentosos.

1. fotografía / "Una tarde en agosto"

   _____

2. fotografía / "Mi vida"

   _____

3. director / "Una tarde en agosto"

   _____

4. actores / "Una tarde en agosto"

   _____

5. director / "Siete meses en Lima"

   _____

6. ropa / "Mi vida"

   _____

7. cuento / "Siete meses en Lima"

   _____

8. actores / "Mi vida"

   _____

9. cuento / "Una tarde en agosto"

   _____

Las mini-conversaciones

A. Fill in the rest of these conjugations.

	DORMIR	PODER
yo		
tú		*puedes*
él, ella, Ud.	*duerme*	
nosotros		
vosotros	*dormís*	*podéis*
ellos, ellas, Uds.		

B. Write the correct forms of either **dormir** or **poder** in the blanks to complete the mini-conversations below.

1. — ¿Quieres ir al cine?

— No _____. Tengo que trabajar.

2. — ¿Cuántas horas _____ cada noche?

— Generalmente, ocho horas.

3. — ¿Uds. _____ venir a nuestra fiesta?

— Sí. ¿A qué hora es?

4. — Nosotros no _____ trabajar hoy.

— Está bien. Van a trabajar mañana.

5. — Cuando ellas van de cámping, ¿dónde _____?

— Pues, en sus sacos de dormir, por supuesto.

6. — ¿Qué haces a las once y media de la noche?

— ¡Yo _____!

7. — ¿_____ (tú) hablar con tu abuela por teléfono?

— No, no _____ porque estoy ocupado.

8. — ¿Qué hace una chica cansada?

— _____ mucho.

Gramática y vocabulario en uso **109**

Repaso

Copyright © Savvas Learning Company LLC. All Rights Reserved.

Down

1. Tengo que _____ por la noche.

2.

3. el _____ DVD

4. no pequeño

5.

6. un _____ compacto

8. no es a la derecha; es a la _____

11. Un plátano es de color _____.

13. *dresser*

17. La nieve es de color _____.

18. no mejor

Across

2. Rojo y azul son _____.

7.

9.

10. el _____ de sonido

11. Hay una _____ debajo de la cama.

12. Uds. tienen mucha ropa en el _____.

14. Los libros están en el _____.

15. *brown*

16. no es fea, es _____

19. Duermo en la _____.

20. *mirror*

Capítulo 6A

Organizer

I. Vocabulary

To talk about things in a bedroom

_____

_____

_____

_____

_____

_____

_____

Words to describe things

_____

_____

_____

_____

Electronic equipment

_____

_____

_____

Words to talk about colors

_____

_____

_____

_____

II. Grammar

1. To compare peoples' ages, use either _____ + **que** or _____ + **que**. To say that something is "better than" use _____ + **que**; to say that something is "worse than" use _____ + **que**.

2. To say that something is the "best" or "worst" use the following construction: article + _____ / _____ + noun. To say "most" or "least" the construction is article + noun + _____ / _____ + adjective.

3. The forms of **poder** are: The forms of **dormir** are:

   _____ _____   _____ _____

   _____ _____   _____ _____

   _____ _____   _____ _____

Los cuartos

The Suárez family has just moved into a new house. Tell what rooms are on each floor of the house.

En la planta baja hay: _____

_____

_____

_____

En el primer piso hay: _____

_____

_____

_____

_____

Nombre _____

Hora _____

Fecha _____

Los quehaceres

Each person below has been given a location from which to do his or her chores. In the spaces provided, list at least two chores each person could logically be doing. Follow the model.

Modelo Alberto y Antonio están en el garaje.

lavan el coche

sacan la basura

limpian el garaje

1. Dolores está en el baño.

_____

_____

_____

2. Eugenio está en el dormitorio.

_____

_____

_____

3. Carolina y Catarina están en la sala.

_____

_____

_____

4. Vladimir está en el comedor.

_____

_____

_____

5. Ana Gracia está en la cocina.

_____

_____

_____

Capítulo 6B

La lista de quehaceres

Melisa's mom has left her a list of the things that she has to do before her relatives come over for a dinner party. Complete the list with the appropriate word or phrase. Follow the model.

Modelo ____*Arregla*____ tu cuarto.

1. _____ la mesa del comedor.

2. Tienes que _____ porque no tienes ropa limpia.

3. _____ porque no tenemos platos limpios.

4. ¿Puedes _____? Hay demasiada basura.

5. _____ los platos en la cocina.

6. Necesitas _____ porque el coche está sucio.

7. Hay que _____ porque hay mucho polvo en el primer piso.

8. _____ las camas.

9. ¿Puedes _____ por las alfombras?

10. El baño no está limpio. Necesitas _____ .

11. _____ de comer al perro.

12. Si tienes tiempo, _____ todos los quehaceres.

No es correcto

The following statements do not make sense. Rewrite the sentences by replacing the underlined words or phrases with words or phrases that make sense. Follow the model.

Modelo   Nunca <u>haces</u> en casa cuando tienes quehaceres.
Nunca ayudas en casa cuando tienes quehaceres.

1. Tengo que <u>dar</u> la aspiradora por las alfombras.

   _____

2. El cuarto está <u>limpio</u>. Voy a limpiarlo.

   _____

3. Papá va a lavar platos en <u>el dormitorio</u>.

   _____

4. No te <u>recibo</u> dinero porque no estás haciendo nada.

   _____

5. <u>¡Haz la cama!</u> Vamos a comer.

   _____

6. Mamá lava <u>el coche</u> en la cocina.

   _____

7. ¿Cuáles son los <u>dinero</u> que tienes que hacer?

   _____

8. Doy <u>dinero</u> al perro todos los días.

   _____

9. Debes cortar <u>el polvo</u>, está bastante largo.

   _____

10. Ernesto quita <u>el coche</u> de la sala.

    _____

11. Las hermanas <u>cocinan</u> la basura por la noche.

    _____

Los mandatos

A. Write the affirmative **tú** command forms of the following verbs in the spaces provided.

1. correr _____
2. poner _____
3. hacer _____
4. comer _____
5. hablar _____
6. leer _____
7. limpiar _____
8. ver _____
9. cortar _____
10. abrir _____
11. escribir _____

B. Now, write the chore your parents might tell you to do in each of the following situations. Follow the model.

Modelo   Tu dormitorio no está limpio.   *Arregla tu dormitorio* _____.

1. El coche está sucio.   _____.
2. El perro tiene hambre.   _____.
3. No hay platos limpios.   _____.
4. Hay mucha basura en el garaje.   _____.
5. La camisa blanca ahora es gris.   _____.
6. Necesitamos cenar.   _____.
7. El baño no está limpio.   _____.
8. Hay mucho polvo en la sala.   _____.

¿Qué están haciendo?

The Duarte family is getting ready for a barbecue. Look at the picture, then write what each of the family members is doing. Follow the model.

Modelo   La madre *está cocinando las hamburguesas* _____.

1. Manolo y José _____.

2. Ana María _____.

3. El padre _____.

4. Tito y Ramón _____.

5. Graciela _____.

6. Lola y Elia _____.

7. Todos _____.

Mucho trabajo

The Escobar family is getting ready to have guests over. Fill in the blanks in their conversation below with the appropriate form of the following verbs: **cortar, ayudar, hacer, lavar, pasar, sacar.**

PABLO: Mamá, ¿qué estás _____ tú?

MAMÁ: Estoy _____ los platos, hijo. ¿Y tú?

PABLO: Nada.

MAMÁ: Vale. ¿Qué están _____ tus hermanos?

PABLO: Juan está _____ el baño y Marta está arreglando

su dormitorio.

MAMÁ: Bien, hijo. Ahora, quita el polvo de la sala y luego _____

la aspiradora por las alfombras.

PABLO: Pero, mamá …

MAMÁ: ¡Ahora! Y después _____ la basura …

¡María! ¿Qué estás _____ , hija?

MARÍA: Isabel y yo _____ el césped. ¿Por qué?

MAMÁ: Porque tus primos vienen a comer hoy y necesito ayuda para poner la mesa.

MARÍA: ¿Por qué no te está _____ papá?

MAMÁ: Papá, cariño, ¿dónde estás?

PAPÁ: Estoy en el garaje. Estoy _____ el coche.

MAMÁ: Ah, sí. Después, arregla nuestro cuarto y _____ tu ropa sucia.

PAPÁ: ¿Por qué?

MAMÁ: ¡Vienen tu hermano y su familia!

Capítulo 6B

Core Practice **6B–8**

Repaso

Across

4. cómo pasas al primer piso desde la planta baja; la ____

6. Yo ____ el baño.

9.

12. *to cook*

15. El hijo ____ la aspiradora cada fin de semana.

16. ____ el cuarto

17. La hija debe ____ los platos ahora.

18. un cuarto donde puedes poner el coche

20. cuarto donde come la familia; el ____

21. el piso más bajo de la casa

Down

1. el cuarto donde preparas la comida

2. Tengo que ____ la cama hoy.

3.

quitar el ____

5.

____ la basura

6. no cerca

7. Después de subir la escalera, estás en el ____ ____ .

8. Cuando entras en la casa, estás en la ____ ____ .

10. la oficina en la casa

11. ¿Quién va a ____ la mesa?

13. el cuarto donde ves la tele

14. el cuarto donde duermes

19. Mateo tiene que cortar el ____ .

21. no limpio

Organizer

I. Vocabulary

Rooms of the house

_____

_____

_____

_____

_____

_____

_____

Outdoor chores

_____

_____

_____

Indoor household tasks

_____

_____

_____

_____

_____

_____

Floors of the house

_____

_____

_____

II. Grammar

1. To talk about actions in progress, use the _____ tense.
   This is formed by adding -_____ to the roots of **-ar** verbs and -_____
   to the roots of **-er** and **-ir** verbs.

2. **Tú** commands are the same as the _____ form of the
   _____ tense of verbs. But the **tú** command form of **poner** is
   _____ and of **hacer** is _____.

Capítulo 7A

En el escaparate (*store window*)

You are window shopping at a large department store and you decide to make a list of what they have and what everything costs. Using the picture, list seven items and their prices below. Follow the model.

Modelo   *Los pantalones cuestan 35 dólares.*

1. _____

2. _____

3. _____

4. _____

5. _____

6. _____

7. _____

Tienda de la Gracia

A. Write the numbers below in Spanish.

1. 100 _____

2. 500 _____

3. 909 _____

4. 222 _____

5. 767 _____

6. 676 _____

7. 110 _____

8. 881 _____

B. Read the following statistics about the chain of stores **Tienda de la Gracia**. Then answer the questions that follow.

TIENDA DE LA GRACIA	
Tiendas	100
Trabajadores	324
Promedio diario (*daily average*) de clientes	760
Camisas	612
Pantalones	404

1. ¿Cuántas Tiendas de la Gracia hay?

_____

2. ¿Cuál es el promedio diario de clientes en cada tienda?

_____

3. ¿Cuántos trabajadores hay en las Tiendas de la Gracia?

_____

4. ¿Cuántos pantalones hay en cada tienda?

_____

5. ¿Y camisas?

_____

Capítulo 7A

En el centro comercial

Tatiana and Mariana are in the local mall. Write the words that most logically complete their conversation as they go from store to store.

TATIANA: Vamos a esta tienda de ropa. Aquí tienen _____ elegante.

MARIANA: Bien. ¿Qué _____ comprar?

TATIANA: Necesito un vestido para la fiesta de mi primo.

DEPENDIENTA: ¿En qué puedo _____, señorita?

TATIANA: _____ un vestido elegante.

DEPENDIENTA: ¿Va Ud. a _____ el vestido a una fiesta o un baile formal?

TATIANA: A una fiesta. Me gusta este vestido.

MARIANA: ¿Cómo te _____?

TATIANA: ¡Me queda fantástico! Quiero comprarlo.

MARIANA: Vamos a otra tienda. Necesito _____ unos zapatos nuevos.

Vamos a esa tienda, tienen buenos precios allí.

TATIANA: Mira estos zapatos aquí.

MARIANA: ¿Cuánto cuestan?

TATIANA: Trescientos dólares. ¿Es un buen _____?

MARIANA: Sí. Y me quedan _____. Voy a comprar estos zapatos.

TATIANA: Bien. Pasamos a otra tienda.

MARIANA: La tienda de música está a la derecha. ¿Entramos?

TATIANA: Sí, ¡_____!

Capítulo 7A

¿Qué llevan?

In complete sentences, describe two articles of clothing that each of the people below is wearing.

Pedro

A. _____

_____

B. _____

_____

1.

Las hermanas Guzmán

A. _____

_____

B. _____

_____

2.

La profesora Jones

A. _____

_____

B. _____

_____

3.

El Dr. Cambambia

A. _____

_____

B. _____

_____

4.

Anita

A. _____

_____

B. _____

_____

5.

Capítulo 7A

Algunos verbos nuevos

A. Fill in the chart below with the forms of the stem-changing verbs indicated.

		PENSAR	QUERER	PREFERIR
yo		*pienso*		
tú				*prefieres*
él, ella, Ud.			*quiere*	
nosotros				*preferimos*
vosotros		*pensáis*	*queréis*	*preferís*
ellos, ellas, Uds.			*quieren*	

B. Now, complete each sentence below by choosing the correct form of the verb **pensar**, **querer**, or **preferir**.

1. ¿ _____ (tú) la camisa roja o la camisa azul?

2. Nosotros _____ comprar un suéter nuevo.

3. Ellas _____ ir de compras hoy.

4. Vivian _____ llevar ropa elegante.

5. ¿Uds. _____ trabajar en la tienda de Mónica?

6. Yo _____ comprar los zapatos ahora.

7. Mis amigos y yo _____ jugar al fútbol cuando llueve.

8. Eduardo _____ ir a la fiesta con Brenda.

9. ¿Qué _____ (tú) hacer después de la escuela?

10. Marcelo y Claudio _____ ir al gimnasio después de la escuela.

11. Yo _____ buscar una bicicleta nueva.

12. ¿Tomás va a la tienda o _____ quedarse en casa?

Nombre _____ Hora _____

Fecha _____

¿Cuál prefieres?

A. Fill in the chart below with the singular and plural, masculine and feminine forms of the demonstrative adjectives.

este		estos	
	esa		esas

B. Complete the following questions about the clothing items pictured by writing in the appropriate demonstrative adjectives from the chart above. Then answer the questions by saying that you prefer the item indicated by the arrow.

1. — ¿Prefieres _____ camisa o _____ suéter?

   — _____

   _____

2. — ¿Prefieres _____ pantalones cortos o _____ jeans?

   — _____

   _____

3. — ¿Te gustan más _____ sudaderas aquí o _____ suéteres?

   — _____

   _____

4. — ¿Te gusta más _____ vestido o _____ falda?

   — _____

   _____

5. — ¿Quieres _____ zapatos negros o _____ botas negras?

   — _____

   _____

6. — ¿Prefieres _____ chaqueta o _____ abrigo?

   — _____

   _____

¿Quién?

Two sales associates are discussing some of the clients in their busy store. Fill in the blanks with the appropriate demonstrative adjectives based on the picture.

CELIA: ¿Qué hace _____ mujer allá?

YOLANDA: Pues, está mirando las botas, pero no quiere pagar mucho.

CELIA: ¿Qué quieren _____ mujeres aquí?

YOLANDA: Piensan comprar unos calcetines.

CELIA: ¿Y _____ hombre solo allí?

YOLANDA: ¿_____ hombre? Prefiere mirar los pantalones.

CELIA: A la derecha de él hay unos niños, ¿no? ¿Qué hacen _____ niños?

YOLANDA: Pues, _____ niños quieren unos suéteres nuevos.

CELIA: Oye, ¿ves a _____ hombres al lado de la puerta?

YOLANDA: Sí, piensan comprar _____ abrigos. ¿Por qué?

CELIA: Pues, son muy guapos, ¿no?

YOLANDA: Ah, sí. Creo que necesitan ayuda.

CELIA: ¡Hasta luego!

Repaso

Down

1.

2.

4. ¿Cuánto ____ las botas?

5. Mi padre es inteligente. Siempre tiene ____.

6. 5000 ÷ 10

8. ____, señorita. Necesito ayuda.

9. Llevo una ____ en la cabeza.

11. Cuando hace frío, llevo un ____.

13. la ____ de ropa

16. 500 x 2

Across

2. Llevas ____ debajo de los zapatos.

3. ____ de baño

6. ¿Te ____ bien ese suéter?

7.

8. los ____ cortos

10. Yo llevo ____ en los pies.

12. No cuestan tanto. Es un buen ____.

14. En esta tienda, quiero ____ unas botas.

15. Jaime es informal. Siempre lleva camiseta y los ____.

17. Ella tiene que comprar un ____ para la fiesta.

18.

Organizer

I. Vocabulary

Clothing for warm weather
_____
_____
_____
_____
_____

Other words to talk about clothing
_____
_____
_____

Numbers in the hundreds
_____

Clothing for cold weather
_____
_____
_____
_____
_____

_____
_____
_____
_____
_____

II. Grammar

1. The forms of the verb **pensar** are: _____ _____
                                            _____ _____
                                            _____ _____

   The forms of the verb **querer** are: _____ _____
                                            _____ _____
                                            _____ _____

   The forms of the verb **preferir** are: _____ _____
                                            _____ _____
                                            _____ _____

2. To refer to something close, use _____ / _____ , _____ / _____ ; to
   refer to something further away, use _____ / _____ , _____ / _____ .

Repaso del capítulo ⬤ *Vocabulario y gramática* **129**

Los regalos

Marcela is writing a list of gifts she wants to buy for her family. Help her by writing the names of the items suggested by the pictures in the blanks provided.

1. Para mi novio:

_____   _____   _____   _____

2. Para mi mejor amiga:

_____   _____

3. Para mi hermana:

_____   _____   _____   _____

4. Para mi padre:

_____   _____   _____

5. Para mi madre:

_____   _____   _____

¡Tantas tiendas!

Write the names of the items pictured in the first blank, and where each person would find the items in the second blank.

1. Yo busco _____

   en una _____.

2. Germán busca _____

   en una _____.

3. Tú buscas _____

   en la _____.

4. Mi hermano busca _____

   en la _____.

5. Bárbara busca _____

   en un _____.

6. Buscamos _____

   en la _____.

7. Esteban y Luis buscan un _____

   en la _____.

8. Susana y Paulina buscan _____

   en una _____.

9. — ¿En dónde puedo comprar _____?

   — En un _____

¿El regalo perfecto?

Valentine's Day is coming and Pepe and Laura are deciding what gifts to give each other.

A. Read the conversations below.

(*En una tienda de descuentos*)

PEPE: Necesito comprar un regalo para mi novia.

DEPENDIENTE: ¿Qué piensa comprar?

PEPE: No sé. Tiene que ser algo barato porque no tengo mucho dinero.

DEPENDIENTE: Pero, ¿no quiere un anillo bonito o un collar elegante para su novia?

PEPE: No. Es demasiado.

DEPENDIENTE: Puede comprar un reloj pulsera que no cuesta tanto.

PEPE: Oiga, el mes pasado compré software nuevo para mi computadora, para poder jugar videojuegos en la Red. ¡Pagué unos 90 dólares!

DEPENDIENTE: Entonces quiere este llavero de veinte dólares.

PEPE: ¡Genial!

\--------------

(*En un almacén*)

LAURA: Quiero el regalo perfecto para mi novio.

DEPENDIENTA: ¿Él trabaja? ¿Quizás una corbata bonita?

LAURA: Estoy pensando en un regalo más romántico . . .

DEPENDIENTA: ¿Unos guantes para las noches de frío?

LAURA: No creo. Él nunca tiene frío. ¿Ud. tiene algo romántico?

DEPENDIENTA: ¡Mire! ¿Qué piensa de este anillo de cincuenta dólares?

LAURA: ¡Perfecto! Quiero uno, por favor.

B. Answer the questions about the dialogues in complete sentences.

1. ¿A qué tienda va Pepe? _____

    ¿Qué busca allí? ¿Por qué? _____

    _____

2. ¿Qué quiere venderle el dependiente? ¿Por qué Pepe no quiere comprarlos?

    _____

    _____

3. ¿Qué compra por fin Pepe? _____

4. ¿Qué quiere comprar Laura? _____

5. ¿Por qué Laura no quiere ni una corbata ni unos guantes? _____

    _____

6. ¿Qué va a comprar Laura? _____ ¿Es más

    caro o más barato que el regalo de Pepe? _____

Oraciones desordenadas

Put the scrambled sentences below into logical order.

1. compré / hace / lo / semana / una

   _____

2. yo / por / ayer / unos / pagué / un / guantes / dólar

   _____

3. lector / caro / DVD / un / es / muy / no

   _____

4. joyas / en / venden / almacén / el

   _____

5. pasada / la / compré / yo / semana / suéter / nuevo / un

   _____

6. anoche / una / compré / computadora / yo / nueva

   _____

7. pagaste / el / collar / cuánto / por

   ¿_____?

8. lo / año / el / tú / compraste / pasado

   _____

9. joyas / por / venden / tienda / esta / veinte / en / dólares

   _____

10. cuánto / por / el / pagaste / reloj

   ¿_____?

Capítulo 7B

Hablamos del pasado

A. Fill in the chart below with the preterite forms of the verbs indicated.

	COMPRAR	HABLAR	PREPARAR	USAR	MIRAR
yo	compré				
tú					miraste
él, ella, Ud.		habló			
nosotros				usamos	
vosotros	comprasteis	hablasteis	preparasteis	usasteis	mirasteis
ellos, ellas, Uds.			prepararon		

B. Fill in the blanks in the following postcard with the correct preterite forms of the verbs given.

¡Hola, mamá!

   ¿Cómo estás? Estoy muy bien aquí en Quito.
Primero, José y yo _____ (preparar) unos
sándwiches ricos y _____ (hablar) con su
mamá un poco. Después, decidimos ir al centro
comercial. José y su mamá _____ (mirar)
unas chaquetas en la tienda de Smith y yo
_____ (comprar) algunas cosas para la
semana.

   A las cinco, la mamá de José _____
(llamar) por teléfono al padre, y él _____
(regresar) del trabajo un poco después. Nosotros
_____ (cenar) y _____ (usar) la
computadora antes de dormir.

   ¿Y tú? ¿_____ (caminar) esta semana?
¿_____ (comprar) el regalo para el
cumpleaños de papi? Pues, nos vemos en una semana.
¡Mañana me voy a Lima!

                    Un abrazo,
                         Víctor

La Sra. Guiraldo
Vía Águila 1305
Col. Cuauhtémoc
06500 México, D.F.

ECUADOR
40

Capítulo 7B

Mini-conversaciones

A. Fill in the following charts with the preterite forms of the verbs given.

	PAGAR	BUSCAR	JUGAR	PRACTICAR	TOCAR
yo	pagué			practiqué	
tú			jugaste		
él, ella, Ud.		buscó			
nosotros					tocamos
vosotros	pagasteis	buscasteis	jugasteis	practicasteis	tocasteis
ellos, ellas, Uds.				practicaron	

B. Now, complete the mini-conversations below with preterite verb forms from the chart above.

1. — Juan, ¿cuánto _____ por tu suéter?

   — Yo _____ 25 dólares.

2. — ¿Qué hizo Marta anoche?

   — Ella _____ al fútbol con sus hermanos.

3. — Hija, ¿_____ el piano?

   — Sí, mamá. _____ por una hora.

4. — Busco un apartamento nuevo.

   — Yo _____ por un año antes de encontrar el apartamento perfecto.

5. — ¿Uds. _____ un instrumento en el pasado?

   — Sí, nosotros _____ el violín.

6. — ¿Marcos va a practicar el básquetbol hoy?

   — No, él _____ toda la semana pasada.

7. — ¿Con quién _____ (tú) al golf?

   — _____ con mis dos hermanos y con mi padre.

Capítulo 7B

Objeto directo

A. Rewrite the following sentences about shopping using direct object pronouns in place of the appropriate nouns.

1. Compré los zapatos. _____

2. ¿Tienes el vestido verde? _____

3. Escribo el cuento. _____

4. Mi mamá recibe el dinero. _____

5. Las mujeres llevan las faldas nuevas. _____

6. ¿Rosario va a comprar el regalo? _____

7. Las amigas compraron aretes nuevos. _____

8. Llevo los dos abrigos. _____

B. Ramona's mother is talking to her about their trip to the mall. Answer her questions using direct object pronouns. Follow the model.

Modelo   ¿Llevas tu vestido nuevo a la escuela?

   Sí, lo llevo mucho. _____

1. ¿Dónde vas a poner tu camisa nueva?

   _____

2. ¿Compraste los zapatos azules?

   _____

3. ¿Usas el reloj pulsera negro?

   _____

4. ¿Cuándo vas a llevar tus guantes nuevos?

   _____

5. ¿Tienes las camisetas nuevas?

   _____

Repaso

Across

5. donde las mujeres ponen las llaves, bolígrafos, etc.

7. la ____ de electrodomésticos

8. tienda donde venden zapatos

13.

14. los ____ de sol

17. Una tienda de ropa es donde ____ ropa.

18. no caro

20. tienda donde venden joyas

Down

1. Llevo los ____ durante el invierno porque tengo las manos frías.

2. Sancho quiere ____ las fotos de tu viaje.

3.

4. donde pones el dinero y a veces unas fotos; la ____

6. tienda donde venden libros

9. joya que llevas en las orejas

10. tienda donde venden todo

11. tipo de reloj que llevas en el cuerpo; reloj ____

12. donde pones las llaves

15. joya que llevas en el dedo

16. Los hombres llevan una camisa con ____ al trabajo.

19. *last night*

Organizer

I. Vocabulary

Types of stores

_____

_____

_____

_____

_____

Words to talk about jewelry

_____

_____

_____

_____

_____

Other gifts

_____

_____

_____

_____

Words to talk about the past

_____

_____

_____

_____

II. Grammar

1. The preterite endings of **-ar** verbs are: -_____   -_____

    -_____   -_____

    -_____   -_____

    Now conjugate the verb **pasar** in the preterite: _____ _____

    _____ _____

    _____ _____

2. The preterite ending of the **yo** form of verbs ending with **-car** is -_____ . For
    -gar verbs it is -_____ .

3. The direct object pronouns are _____ , _____ , _____ , and

    _____ .

¿Adónde van?

Complete the mini-conversations. Use the drawing to fill in the first blank and to give you a clue for the second blank. Follow the model.

Modelo

— ¿Viste el ___monumento___ nuevo de Cristóbal Colón?

— Sí, ¡es fantástico! Está enfrente del ___museo___ .

1.

— Mamá, quiero ver _____ .

— Sí, Marisol. Vamos al _____ .

2.

— ¿Uds. van de vacaciones en _____ este verano?

— No, vamos a la _____ .

3.

— ¿Vas a ver _____ hoy?

— Sí, mis padres y yo vamos al _____ .

4.

— ¿Quieres _____ hoy?

— Sí, pero ¿en dónde? ¿En el _____ ?

5.

— ¿Dónde es el _____ ?

— Pues, en el _____ , por supuesto.

6.

— ¿Cómo te gusta ir de _____ ?

— Siempre viajamos en _____ .

Vocabulario en contexto **139**

Asociaciones

A. Write the names of the places from your vocabulary that you associate with the following things or actions.

1. la historia, el arte __ __ __ Ⓞ __ __ __ __ Ⓞ

2. las atracciones, los monos __ __ __ Ⓞ __ __ __ __ __

3. pintar, dibujar, el arte __ __ Ⓞ __ __ __

4. divertido, personas atrevidas, jugar __ __ Ⓞ __ __ __ __ __

   __ __ __ Ⓞ __ __ __ __ Ⓞ __

5. los deportes, un partido, ver Ⓞ __ __ __ Ⓞ __ __ __

6. la obra, el actor __ Ⓞ __ __ __ __ __

7. el hotel, muchas personas Ⓞ __ __ __ __ __ __

8. pasear en bote, mucha agua __ __ __ Ⓞ

B. Now, unscramble the circled letters to find a related word.

__ __ __ __   __ __ __ __ __ __ __ __ __ __

¡Vamos al parque nacional!

The Carreras family went on vacation to Rocky Mountain National Park in Colorado. Read the postcard they sent to their friends back home and fill in the blanks with the words suggested by the pictures.

¡Saludos desde Colorado!

Llegamos al _____ el lunes pasado. Yo fui directamente

a la playa para _____ El _____

es precioso y ¡los _____ son enormes! El martes paseamos

en _____ por el lago y miramos los _____

. ¡Yo vi un oso en el bosque!

Para mañana tenemos muchos planes. Vamos a _____

por las montañas y por la noche vamos al _____ para ver

una obra musical.

Regresamos a la _____ el viernes. ¡Nos vemos

este fin de semana!

Abrazos,

Familia Carreras

¿Qué te pasó?

A. Read the dialogue between Aníbal and Carmen about Aníbal's trip to the beach.

CARMEN: Dime, ¿fuiste a la playa con tus primos?

ANÍBAL: ¡Ay, amiga; fue un desastre! Salí muy temprano para pasar todo el día allí.

Durante el día tomamos el sol y buceamos en el mar.

CARMEN: ¿No fue un día tremendo para descansar y pasarlo bien con tus amigos?

ANÍBAL: Por dos horas, sí. Pero después de mucha lluvia, todo salió mal.

CARMEN: Lo siento. Va a hacer buen tiempo este sábado. . .

ANÍBAL: Bueno, tú y yo podemos salir de la ciudad.

CARMEN: ¡Genial!

B. Now, answer the questions in complete sentences.

1.   ¿Adónde fue Aníbal? _____

_____

2.   ¿Qué hizo allí? _____

_____

3.   ¿Con quién fue Aníbal? _____

_____

4.   ¿Qué tiempo va a hacer el sábado? _____

_____

5.   ¿Qué van a hacer Aníbal y Carmen? _____

_____

¿Qué hicieron?

A. Fill in the chart with the preterite forms of the verbs given.

	COMER	ESCRIBIR	CORRER	SALIR	VER	BEBER
yo	comí				vi	
tú			corriste	saliste	viste	bebiste
él, ella, Ud.				salió		bebió
nosotros		escribimos				
vosotros	comisteis	escribisteis	corristeis	salisteis	visteis	bebisteis
ellos/as, Uds						

B. Now, complete the mini-conversations below by filling in the appropriate forms of one of the verbs from Part A.

1. — Pablo, ¿vas a correr hoy?

— No, _____ ayer.

2. — ¿Elena _____ toda la leche?

— Sí, toda.

3. — ¿Uds. salieron anoche?

— Sí, _____ a las once.

4. — ¿_____ la nueva película de Almodóvar?

— Sí, la vi anoche.

5. — ¡Qué buenos niños!

— Sí, _____ todas las zanahorias.

6. — Juan, escribe la tarea.

— Ya la _____ , mamá.

7. — ¿Uds. comieron en el hotel anoche?

— No, _____ en el restaurante.

8. — ¿Quién va a correr en el maratón este año?

— Todos, porque sólo dos personas _____ el año pasado.

9. — ¿Con quién saliste, Marta?

— _____ con Toño.

10. — ¿El autor va a escribir un cuento nuevo?

— No, él _____ uno el mes pasado.

¿Adónde fueron?

Some friends are talking about where they went on vacation. Write where they went, using the pictures below to help you. Follow the model.

Modelo La familia Madrigal *fue al zoológico* .

1. Carlos _____.

2. Yo _____.

3. Lola y Tina _____.

4. Nosotros _____.

5. Elisa _____.

6. Tú _____.

7. Uds. _____.

Qué viste?

Alicia saw many things at the park yesterday. Use the drawing and the location clues to say whom or what she saw. Pay attention to the use of the personal **a** in your statements. Follow the model.

Modelo   En el parque ayer, yo vi ___*a unos amigos*___ corriendo.

1. Yo vi _____ dándoles de comer a unos pájaros.

2. Yo vi _____ jugando al fútbol.

3. Yo vi _____ en la mesa.

4. En el lago, yo vi _____ paseando.

5. En el bote, yo vi _____ con una señorita.

6. En un árbol yo vi _____.

7. Al lado del árbol vi _____.

8. Debajo del árbol vi _____ con pelo largo.

9. En la playa vi _____.

Repaso

Down

1. Me gusta ___ en el sofá.
2. donde puedes pasear en bote; el ___
3. Yo quiero ___ la tele.
4. medio de transporte que va por el agua; el ___
5. un edificio con muchos cuadros; el ___
8. medio de transporte que usan los estudiantes para ir a la escuela; el ___
10. la ___ de teatro
12. *the train*; el ___
13. *the sea*; el ___
14. sinónimo de **vacaciones**; un ___

17.

20. Chicago es una ___ donde hace mucho viento.

22.

Across

2. *place*; un ___
6. En el monumento, compramos ___.
7. el ___ de diversiones

9.

11. donde se juegan los partidos de fútbol; el ___
15. España es un ___ donde hablan español.
16. medio de transporte que va por el aire; el ___
18. pasear en ___
19. donde hay atracciones de animales; el ___
21. no tarde

Organizer

I. Vocabulary

Places to visit

_____
_____
_____
_____

Modes of transportation

_____
_____
_____
_____

Leisure activities

_____
_____
_____
_____

Phrases to discuss experiences

_____
_____
_____
_____

II. Grammar

1. The preterite endings of **-er** and **-ir** verbs are:

yo -_____   nosotros -_____

tú -_____   vosotros -_____ *isteis*

Ud. -_____   Uds. -_____

2. The preterite forms of **ir** (and **ser**) are: _____ _____

_____ _____

_____ _____

3. _____ is inserted before the direct object of a sentence if the direct object is

a person. This is called the _____.

La comunidad

Your new friend in Costa Rica is showing you around her community. Label each place or point of interest in the picture with the appropriate word.

1. _____ 4. _____ 7. _____

2. _____ 5. _____ 8. _____

3. _____ 6. _____ 9. _____

Capítulo 8B

El reciclaje

A. Your community is starting a recycling program. Label each item below with words from your vocabulary.

1. _____

4. _____

2. _____

5. la botella de _____

3. _____

6. la botella de _____

B. Now, write sentences to say whether or not it is necessary to recycle the items below. Follow the model.

Modelo   Los tomates *No es necesario reciclar los tomates*. _____

1. El helado _____

2. El plástico _____

3. El vidrio _____

4. La sala _____

5. Las latas _____

Nombre _____

Hora _____

Fecha _____

El voluntario

A. Read the letter below from Álvaro, who is working as an AmeriCorps volunteer.

Querida familia:

 ¡Qué experiencia! Hacemos tantas cosas para ayudar a los demás. La semana pasada ayudamos en un proyecto de construcción con otro grupo de voluntarios. Ellos van a terminar el proyecto. Después de eso, fuimos a un centro de reciclaje. Allí aprendimos a reciclar el papel y el vidrio. También nos enseñaron cómo separar el papel normal (como el papel de los libros) de los periódicos.

 Esta semana nosotros recogimos mucha ropa usada de varias partes de la ciudad y la llevamos a un centro para pobres. Allí le dimos la ropa a la gente pobre del barrio.

 Hoy vamos a un centro para ancianos para ayudar a personas mayores. Estoy cansado, pero es importante hacer esto.

¡Hasta pronto!

Álvaro

B. Now, answer the questions below.

1. ¿Cuántas cosas hace Álvaro para ayudar a los demás? ¿Cuáles son? _____

   _____

   _____

   _____

2. ¿Qué aprendió Álvaro en el centro de reciclaje? _____

   _____

3. ¿Adónde llevaron Álvaro y los voluntarios la ropa usada? _____

   _____

4. ¿A quiénes le dieron la ropa? _____

   _____

5. ¿Qué hace Álvaro hoy? _____

   _____

¿Qué haces en la comunidad?

You overhear two friends telling their teacher about what they do to help out in their communities. You can't hear what the teacher is asking. Fill in the teacher's questions. Follow the model.

Modelo —*¿Uds. ayudan en la comunidad?*

— Sí, trabajamos como voluntarios en la comunidad.

— ¿_____?

— Trabajamos en una escuela primaria. Les enseñamos a los niños a leer.

— ¿_____?

— También recogemos ropa usada.

— ¿_____?

— Recogemos la ropa usada del barrio.

— ¿_____?

— Hay que separar la ropa y después lavarla.

— ¿_____?

— Le damos la ropa usada a la gente pobre del barrio.

— ¿_____?

— Sí, ayudamos en el hospital.

— ¿_____?

— Trabajamos como voluntarios en un hospital para niños. Nos encanta el trabajo voluntario.

¿Quién dice qué?

The people in the chart below are concerned citizens. Tell what each says by combining the subject on the left with the phrase on the right using **decir + que**. Follow the model.

Subjects	Phrases
Smokey the Bear	Hay que tener cuidado en el campamento.
Los directores del centro de reciclaje	Es necesario separar el plástico y el vidrio.
Gloria	La gente tiene que limpiar el barrio.
Yo	Todos deben participar en las actividades de la comunidad.
La profesora	Es esencial hacer trabajo voluntario.
La Cruz Roja	Es importante ayudar a los enfermos.
Tú	Es importante llevar la ropa usada a centros para los pobres.
Mi familia y yo	Es importante reciclar las botellas y latas.

Modelo   *Smokey the Bear dice que hay que tener cuidado en el campamento.*

1. _____

2. _____

3. _____

4. _____

5. _____

6. _____

7. _____

Más trabajo voluntario

A. Write the indirect object pronouns that correspond to the following phrases.

1. A Javier y a Sara _____   6. A Luz y a ti _____

2. A Diego y a mí _____   7. A ti _____

3. A la Dra. Estes _____   8. A nosotros _____

4. A Uds. _____   9. Al Sr. Pérez _____

5. A Tito _____   10. A mí _____

B. Now, fill in the blanks in the following sentences with the correct indirect object pronouns.

1. La Cruz Roja _____ ayuda a las personas de la comunidad.

2. Nuestros padres _____ hablaron a mi hermano y a mí del reciclaje.

3. Mi profesora _____ ayudó a decidir qué trabajo voluntario me gustaría

   hacer.

4. _____ dice el profesor al estudiante que es importante separar las latas

   y el plástico.

5. Las personas _____ escriben al director del centro de reciclaje para

   recibir información sobre el reciclaje.

6. ¿Tus padres _____ dicen que debes ayudar a los demás?

7. _____ traigo unos juguetes a los niños en el hospital.

8. Los ancianos están muy contentos cuando _____ decimos que

   volvemos mañana.

Capítulo 8B   Fecha _____   Core Practice **8B–7**

¿Hacer o dar?

A. Fill in the chart below with the correct forms of **hacer** and **dar** in the preterite.

	HACER	DAR
yo	*hice*	*di*
tú		
él, ella, Ud.		
nosotros		
vosotros	*hicisteis*	*disteis*
ellos, ellas, Uds.		

B. Now, fill in the blanks in the telephone conversation below with the appropriate forms from the chart above.

LEYDIN: ¡Mamá, estoy aquí en los Estados Unidos!

MADRE: Hola, hija. ¿Cómo estás?

LEYDIN: Bien, mamá. Yo _____ muchas cosas ayer después de llegar.

MADRE: ¿Qué _____?

LEYDIN: Pues, primero les _____ los regalos a toda la familia.

MADRE: ¿Y la abuelita te _____ un regalo a ti, también?

LEYDIN: Sí, ¡una bicicleta nueva! Estoy muy contenta.

MADRE: Y, ¿qué _____ Uds. después?

LEYDIN: Los primos _____ la tarea y la abuelita y yo le _____ la lista

de cosas que comprar para la cena. Después le _____ la lista al abuelo,

quien _____ las compras en el supermercado.

MADRE: ¿_____ Uds. algo más?

LEYDIN: Sí. Después de comer, yo _____ un postre especial para todos: ¡tu

famoso pastel de tres leches!

MADRE: ¡Qué coincidencia! Yo _____ uno también y les _____ un

poco a nuestros amigos, los Sánchez. ¿Qué más . . .?

Nombre _____ Hora _____

Capítulo 8B

Fecha _____

Core Practice **8B–8**

Repaso

Across

2. Es importante ____ las latas de las calles.
4. Es necesario ayudar a los ____.
6. otra ____
10. *unforgettable*
13. el ____ de construcción

15.
16. lugar donde recogen las verduras y las plantas; el ____
20. AmeriCorps hace el trabajo ____.
22. Esa ____ es de cartón.
24. *problem*

Down

1. *poor*
3. Puedes reciclar una ____ de vidrio o de plástico.
5. *often*; __ ____
7. Puedes reciclar las botellas de ____ y de plástico.
8. Es importante reciclar las cajas de ____.
9. sinónimo de **las personas**; la ____
11. Los ____ son nuestro futuro.
12. el ____ de reciclaje

13.
14. El profesor ____ las botellas al centro de reciclaje.
17. el ____ Grande
18. *toy*; un ____
19. Mis padres me ____ la verdad.
21. sinónimo de **la comunidad**; el ____

23.

Repaso del capítulo — *Crucigrama* **155**

Organizer

I. Vocabulary

Places to do volunteer work

_____

_____

_____

_____

_____

Things that are recyclable

_____

_____

_____

_____

_____

Verbs to talk about recycling

_____

_____

_____

Words to describe experiences

_____

_____

_____

II. Grammar

1. The forms of **decir** in the present are: _____ _____

   _____ _____

   _____ _____

2. The indirect object pronouns are: _____ _____

   _____ _____

   _____ _____

3. The preterite forms of **dar** are: The preterite forms of **hacer** are:

   _____ _____   _____ _____

   _____ _____   _____ _____

   _____ _____   _____ _____

Las películas

A. You love movies, but always forget to check the newspaper for the showings. You constantly have to ask your friends what movies are showing and at what time. Complete each dialogue by filling in the words that best identify the picture.

1. — ¿Cuándo empieza la _____?
   — Empieza a las nueve y media. Son casi las nueve. ¡Vamos ahora!

2. — ¿Va a ser larga la _____?
   — Sí. Empieza a las dos y media y termina a las cinco menos cuarto.

3. — ¿A qué hora dan la _____?
   — A las seis.

4. — ¿Cuánto dura el _____?
   — Dura menos de tres horas.

5. — ¿Cuándo va a empezar la _____?
   — Empieza a las cuatro y media.

6. — Ya es la una y veinte. ¿Qué podemos hacer?
   — Podemos ir al cine a ver una _____

B. Now, say the following time expressions another way using new vocabulary phrases.

1. Son las cinco menos diez. _____.

2. Son las dos y treinta. _____.

3. Dura una hora y cincuenta minutos. Dura _____.

4. Termina a las once y cuarenta. Termina _____.

Capítulo 9A

Core Practice **9A–2**

¿Qué programas les gustan?

Read the information about each person below. Then decide which TV program would be best for him or her and write it in the blank.

1. Pedro es gracioso. Siempre cuenta chistes y hace cosas cómicas. A él le gustan

   los programas _____.

2. Mi padre lee el periódico todos los días. Le interesa la política. A él le gustan

   los programas _____.

3. La profesora tiene dos hijos y quiere enseñarles mucho. También busca información

   para usar en la clase. Ella prefiere los programas _____.

4. Abuela no trabaja y tiene que estar en casa. Le interesan mucho los

   juegos, especialmente cuando la gente gana dinero. A ella le gustan los programas

   _____.

5. Javi toca la guitarra y Juanita canta. Pasan casi todo el tiempo practicando la

   música. A ellos les gustan los programas _____.

6. Rosa estudia inglés. Un día quiere trabajar para un periódico. Para aprender más

   de la gente, ella ve los programas _____.

7. Ronaldo es deportista. Juega al fútbol, al béisbol y al básquetbol. Cuando no está

   practicando un deporte está viendo programas _____.

8. A Cristina le gustan las historias. Lee novelas románticas y a veces escribe cuentos

   de amor. A ella le gustan las _____.

¿Cómo son las cosas allí?

Luzma is writing a letter to her pen pal in the U.S. She is telling her pen pal about TV and movies in her country. Fill in the blanks with the words that best complete her thoughts.

Querida Valerie,

¿Qué tal? ¿Cómo fue la _____ que viste la semana pasada? En

mi país me encanta ir al cine. Me gustan más las películas _____ .

Mi hermano es policía y _____ yo sé mucho _____

los policías. También me interesa esta clase de películas porque son más

_____ que una comedia o la ciencia ficción. Las comedias

_____ aburren y a veces son infantiles. No me gustan las películas

de _____ porque son demasiado violentas. ¿Qué _____

película te gusta más a ti?

Ahora te hablo de los _____ de televisión aquí. Bueno, no son

muy diferentes de los programas de allí. Tenemos programas de dibujos

animados como Rin, ran, run, programas de _____ como ¡Una

fortuna para ti! y tenemos las noticias. Yo veo las noticias pero sólo me

interesan los programas que dan sobre la policía en el _____ 56.

Eso es todo. Adiós, amiga.

Luzma

Tus programas favoritos

Read the TV listings below, then answer the questions that follow in complete sentences.

EVENING — NOCHE	
6PM **2** Noticias	8PM **2** ¡Niágara!
18 Amigos	**18** Amigos
26 Noticias	**26** Película: El monstruo verde
30 Pepito y Paquito	**30** El mundo real
33 Mi casa	**33** Hoy día
42 Deportivas	**42** Fútbol . . . .
60 Música cubana	**60** ¿Puedes cantar?
7pm **2** Los monos	9PM **2** El zoológico
18 Noticias	**18** Mi Amiga Sara
26 Entre tú y yo	**26** . . . .
30 Noticias	**30** El día en Alaska
33 Noticias	**33** ¡Ganar un coche!
42 Deportes	**42** . . . .
60 La salsa y la samba	**60** Baile en vivo

1. ¿Cuántos programas de noticias empiezan a las seis? _____

2. ¿Qué clase de programas tiene el canal 42? _____

   ¿Y el canal 60? _____

   ¿Y el canal 2? _____

3. ¿Qué programa deportivo puedes ver a las ocho? _____

   _____

4. Para ver un programa educativo, ¿vas a ver el canal 2 o el 18 a las nueve? _____

   _____

5. ¿Qué clase de programa empieza a las nueve en el canal 33? _____

   ¿Y a las nueve en el canal 30? _____

6. ¿Qué clase de programa dan a las siete en el canal 26? _____

7. ¿Dan una película de horror a las ocho en el canal 26? _____

   _____

Acabo de . . .

Write what the following people just finished doing and are now going to do, based on the pictures. Follow the model.

Modelo Marta *acaba de estudiar. Ahora va a dormir.*

1. Anabel _____
   _____

2. Nosotros _____
   _____

3. Ellas _____
   _____

4. Yo _____
   _____

5. Tú _____
   _____

6. Juan y el Sr. Lebredo _____
   _____

7. Roberto _____
   _____

8. Ana María _____
   _____

Más gustos

A. Complete the sentences below with the correct forms of the verbs given.

1. Al Presidente le _____ (interesar) la política.

2. ¡Qué terrible! Me _____ (doler) el pie izquierdo.

3. A los estudiantes les _____ (aburrir) las presentaciones largas.

4. A nosotros nos _____ (encantar) ver comedias.

5. A tus hermanos les _____ (gustar) las películas de horror.

6. A ti te _____ (interesar) el teatro.

7. Me _____ (quedar) bien los pantalones pero me

   _____ (faltar) el dinero para comprarlos.

B. Now, complete each sentence below with the correct form of the verb given and the appropriate indirect object pronoun. Follow the model.

| Modelo | A Carlos ____*le aburre*____ (aburrir) la política. |

1. A mí _____ (faltar) un lápiz.

2. A ellas _____ (aburrir) las clases de arte.

3. A Carmen _____ (quedar) bien la falda, ¿no?

4. A ti _____ (encantar) los programas deportivos.

5. ¿A ti y a Pedro _____ (gustar) leer revistas?

6. A mi papá _____ (doler) los pies.

7. ¿A Ud. _____ (faltar) los cuadernos?

8. A nosotros _____ (interesar) las obras de teatro.

9. A Lola y a Roberto _____ (interesar) el programa musical y el programa educativo.

Frases revueltas

The following sentences are mixed up. Rearrange them so that they are grammatically correct and make sense. Don't forget to conjugate verbs where appropriate. Follow the model.

Modelo   ir al cine / me / a mí / y al centro comercial / gustar

A mí me gusta ir al cine y al centro comercial.

1. le / leer / a Elena / poemas / encantar / y escribir

   _____

2. negros / unos zapatos / te / para / faltar / a ti / ir a la fiesta

   _____

3. diez kilómetros / a mí / doler / después de / me / los pies / correr

   _____

4. al Sr. Mirabal / interesar / americano / le / el fútbol

   _____

5. los programas / les / a mis padres / de entrevistas / aburrir

   _____

6. importar / voluntario / a nosotros / el trabajo / nos

   _____

7. a Uds. / los boletos para el cine / les / para comprar / faltar / el dinero

   _____

8. interesar / les / a José y a Felipe / policíacas / las películas

   _____

9. el trabajo / a Angélica / aburrir / le

   _____

10. la comida / italiana / encantar / a Vanessa y a mí / nos

    _____

Repaso

Down

1. Yo veo mis programas favoritos en el ____ cinco.
2. Es más que interesante; es ____.
4. *already*
5. No es actor, es ____.
7. No es interesante, es ____.
9. Me van a ____ zapatos. Necesito comprarlos.
10. Puedes leer las ____ o verlas en la tele.

11. película ____
14. *really?*
16. A Paco le gusta el fútbol. Ve programas ____.
18. No sé mucho ____ eso.

Across

3. Cuando vas al cine, ves una ____.

6.
8. un programa en la tele que cuenta las historias románticas de la gente; la ____

12. *therefore*
13. Una comedia es ____.
15. No es actriz, es ____.
16. Los programas ____ una hora.
17. *Entre tú y yo* es un programa de ____.
19. Cuando la gente gana dinero, es un programa de ____.

Organizer

I. Vocabulary

Types of television programs

_____

_____

_____

_____

_____

_____

_____

Types of movies

_____

_____

_____

_____

_____

_____

_____

Words to describe movies/programs

_____

_____

_____

_____

_____

Words to express opinions

_____

_____

_____

_____

II. Grammar

1. Use _____ + _____ to say what you or others have just finished doing.

2. **Me gusta** is literally translated as "_____." So, the construction is formed by putting the _____ first, followed by the _____, and finally the _____.

Nombre _____   Hora _____

Fecha _____

El laboratorio

Label the computer lab below with the appropriate words.

1. _____   4. _____

2. _____   5. _____

3. _____   6. _____

Las asociaciones

Write the words from your vocabulary that you associate with each of the following definitions.

1. Una sala de clases con muchas computadoras _____

2. Lugar para hablar con otras personas en línea _____

3. Comunicarse con otros por computadora _____

4. Lo que haces si quieres aprender más _____

5. Buscar información _____

6. Un lugar de la Red dedicado a algún tema _____

7. Hacer actividades electrónicas divertidas _____

8. Una comunicación *no* por correo electrónico _____

9. Una carta que envías para una fecha especial _____

10. Expresar y comprender ideas de otra persona _____

11. Si quieres hacer un disco compacto _____

12. Un artista puede hacerlos en la computadora _____

El sitio Web

Sara has just purchased a laptop computer. She is so excited that she just has to tell her friend Ramón. In the e-mail below write the words that best complete her thoughts.

Ramón,

   Ay, amigo, tienes que comprarte una computadora

_____. ¡Son los mejores juguetes del mundo!

Cuando vas de vacaciones puedes llevarla en tu mochila y

cuando estás en el hotel puedes _____ en la

Red, escribir por _____ o

_____ información de la Red. ¿Y quieres

sacar fotos? Con una cámara _____ puedes

sacarlas y ponerlas en la computadora. También puedes

mandar las fotos a otra _____electrónica

si quieres. ¿Qué te _____? ¿Es difícil?

Puedes _____ un curso para aprender más

sobre cómo usar esta clase de cámara y cómo crear

_____ en la computadora. No debes tener

_____ de buscar información sobre

cámaras digitales porque hay muchas personas que

_____ usarlas o que escribieron unos

_____ sobre estas cámaras.

   Bueno, podemos hablar más de esto_____

porque no tengo tiempo ahora. Hasta luego.

Sara

Capítulo 9B

¡Una computadora muy buena!

Your local newspaper recently ran an ad for a new computer and many of your friends bought one. Read some of the computer's capabilities in the ad below. Then, based on the information you are given about each person that bought this computer, say what he or she uses the new computer for. Follow the model.

CON LA COMPUTADORA ES POSIBLE:

- Grabar un disco compacto
- Preparar presentaciones
- Escribir por correo electrónico
- Usar una cámara digital
- Visitar salones de chat
- Navegar en la Red
- Crear documentos
- Estar en línea

Modelo   A Juan le gusta bajar información.

Juan usa la computadora para estar en línea.

1. A Alejandro le gusta escribir cuentos y composiciones.

_____

2. A Diego le gusta sacar fotos.

_____

3. A Caridad le gusta tocar y escuchar música.

_____

4. A Ramiro le gusta buscar los sitios Web.

_____

5. A Esperanza le gusta conocer y hablar con otras personas.

_____

6. A Lucita le gusta escribir tarjetas y cartas a su familia que vive en otra ciudad.

_____

7. A Rodrigo le gusta enseñar a los niños.

_____

Vocabulario en contexto   **169**

Capítulo 9B

¿Pedir o servir?

A. Fill in the charts below with the present tense forms of the verbs **pedir** and **servir**.

	PEDIR	SERVIR
yo	pido	
tú		
él, ella, Ud.		sirve
nosotros		
vosotros	pedís	servís
ellos, ellas, Uds.		

B. Complete the mini-conversations below with the correct forms of **pedir** or **servir**.

1. — Cuando vas al restaurante Marino para comer, ¿qué _____ tú?

   — Normalmente _____ una ensalada y una pasta.

2. — ¿Para qué _____ esto?

   — _____ para grabar discos compactos, hijo.

3. — ¿Los camareros les _____ rápidamente en el restaurante Guzmán?

   — Sí, son muy trabajadores.

4. — No puedo ver esos gráficos.

   — (Nosotros) _____ ayuda, entonces.

5. — Bienvenida a la fiesta. ¿Le _____ algo?

   — Sí, un refresco, por favor.

6. — Vamos al restaurante. Esta noche ellos _____ pollo con salsa y pasta.

   — Yo siempre _____ el pollo.

7. — ¿Para qué _____ el menú?

   — _____ para conocer la comida del restaurante. ¿Y qué vas a

   _____ del menú?

   — Yo siempre _____ la misma cosa. . . el bistec.

Capítulo 9B

¿Saber o conocer?

A. Write either **saber** or **conocer** in the blanks under the items below.

1. Mi número de teléfono

_____

2. Usar una computadora

_____

3. El profesor de la clase de español

_____

4. La película *Casablanca*

_____

5. Leer música

_____

6. La ciudad de Nueva York

_____

7. Mi madre

_____

8. Tu mejor amigo

_____

9. Navegar en la Red

_____

10. El sitio Web

_____

B. Fill in the missing forms of **saber** and **conocer** in the charts below.

	SABER	CONOCER
yo		
tú		
él, ella, Ud.	*sabe*	*conoce*
nosotros		
vosotros	*sabéis*	*conocéis*
ellos, ellas, Uds.		

C. Complete the following sentences using the correct forms of **saber** or **conocer**.

1. Juan, ¿ _____ la fecha de hoy?

2. ¿Alguien _____ a un médico bueno?

3. Mis padres _____ bailar muy bien.

4. Nosotros _____ todas las palabras de la obra.

5. ¿ _____ dónde está el Museo del Prado?

Gramática y vocabulario en uso **171**

Planes para la noche

The Miranda family is planning to go out to eat. Fill in their conversation using forms of **conocer**, **saber**, **pedir**, or **servir**.

PADRE: Vamos al restaurante Vista del Mar. ¿Lo _____ Uds.? Me gusta

mucho.

TERESA: Yo no lo _____ pero _____ dónde está. ¡Quiero ir

a ese restaurante!

TOMÁS: Por supuesto que _____ dónde está, Tere, el nombre es Vista del Mar.

TERESA: Sí. ¿_____ Uds. que tienen el mejor pescado de la ciudad?

Es muy sabroso.

MADRE: ¿Y ellos _____ otra comida también?

TERESA: Yo no _____ . ¿Sabes tú, Tomás?

TOMÁS: Sí. Allí _____ mucha comida rica.

PADRE: Yo _____ el pescado porque me encanta.

TOMÁS: Sí, me encanta el pescado también.

TERESA: Es verdad Tomás, pero siempre _____ la misma cosa cuando

comemos pescado.

PADRE: Por eso vamos a este restaurante. Puedes _____ de todo y va a ser

sabrosísimo.

TERESA: ¡Yo quiero _____ ese restaurante!

MADRE: Pues, estamos de acuerdo. Vamos a Vista del Mar.

Repaso

Down

1.

2. El cliente ___ un té helado porque tiene calor.

3. Voy a visitar Nueva York porque quiero ___ la.

4. ___ un disco compacto

6. Los estudiantes hacen un ___ del presidente Lincoln.

8. Quiero escribirte una carta. ¿Cuál es tu ___ electrónica?

9. Yo escribo por ___ electrónico.

11. Estoy en línea. Quiero ___ en ___ ___.

12. *song;* la ___

13. El ___ Web para este libro es **PearsonSchool.com/AutenticoTX**

14. No tengo ese programa. Lo voy a ___ de la Red.

16. Necesito ___ información para mi informe.

18. La artista sabe muy bien hacer ___ en la computadora.

19. Necesito una computadora que puede ___ documentos.

21. *slide;* la ___

Across

1. Quiero ___ un curso.

5. No debes tener ___ de la tecnología.

7. Para navegar en la Red, hay que estar ___ ___.

10. Si quieres hablar con personas inmediatamente, vas a un ___ de chat.

13. ¿Para qué ___?

15. *to communicate (with)*

17. Mi amiga me escribió una ___.

20. No me gusta hablar por teléfono. Me gusta hablar ___ ___ ___.

22. Voy a la escuela porque quiero ___ cómo hacer cosas.

23. Vamos al ___ para usar las computadoras de la escuela.

24.

la computadora ___

Organizer

I. Vocabulary

Words to talk about the Web

_____

_____

_____

_____

Words to name other electronics

_____

_____

_____

Verbs related to online activities

_____

_____

_____

_____

_____

II. Grammar

1. The present tense of **pedir** is:

_____ _____

_____ _____

_____ _____

The present tense of **servir** is:

_____ _____

_____ _____

_____ _____

2. Use the verb _____ for information or activities that you know. Use

the verb _____ to talk about familiarity with people, places, or things.

Para empezar   Fecha _____   **Vocabulary Flash Cards, Sheet 1**

Write the Spanish vocabulary word below each picture. If there is a word or phrase, copy it in the space provided. Be sure to include the article for each noun.

Buenos días. _____ _____	**Buenas noches.** _____ _____	**Buenas tardes.** _____ _____
¡Hola! _____	**¿Cómo te llamas?** _____ _____	**Me llamo...** _____ _____
Encantado, Encantada. _____, _____	**Igualmente.** 	**Mucho gusto.** _____ _____

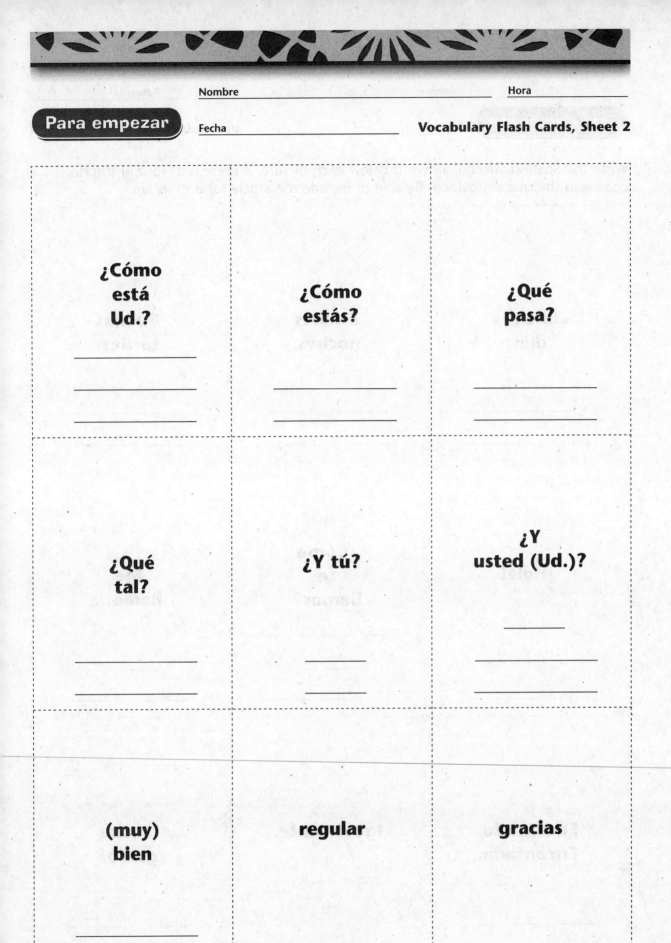

¿Cómo
está
Ud.?

_____
_____
_____

¿Cómo
estás?

_____
_____

¿Qué
pasa?

_____
_____

¿Qué
tal?

_____
_____

¿Y tú?

_____
_____

¿Y
usted (Ud.)?

_____
_____

(muy)
bien

_____
_____

regular

gracias

_____
_____

nada

_____

señor, Sr.

_____,

_____

señora, Sra.

_____,

_____

señorita, Srta.

_____,

_____

¡Adiós!

_____

Hasta luego.

_____

_____

Hasta mañana.

_____

_____

¡Nos vemos!

_____

_____

uno

_____

_____

dos	**tres**	**cuatro**
_____	_____	_____
cinco	**seis**	**siete**
_____	_____	_____
ocho	**nueve**	**diez**
_____	_____	_____

¿Qué hora
es?

_____

_____

_____

Es _____

_____ .

Son _____

_____ .

Son _____

_____ .

Son _____

_____ .

Son _____

_____ .

Son _____

_____ .

Son _____

_____ .

Son _____

_____ .

_____

_____

_____

_____

_____

_____

_____

_____

_____

_____

_____

_____

_____

_____

_____

_____

_____

_____

Tear out this page. Write the English words on the lines. Fold the paper along the dotted line to see the correct answers so you can check your work.

En la escuela

Buenos días.   _____

Buenas noches.   _____

Buenas tardes.   _____

¡Hola!   _____

¿Cómo te llamas?   _____

Me llamo...   _____

Encantado,
Encantada.   _____

Igualmente.   _____

Mucho gusto.   _____

señor, Sr.   _____

señora, Sra.   _____

señorita, Srta.   _____

¡Adiós!   _____

Hasta luego.   _____

Hasta mañana.   _____

¡Nos vemos!   _____

Fold In →

Para empezar

Tear out this page. Write the Spanish words on the lines. Fold the paper along the dotted line to see the correct answers so you can check your work.

Good morning.   _____

Good evening.   _____

Good afternoon.   _____

Hello!   _____

What is your name?   _____

My name is . . .   _____

Delighted.   _____

                         _____

Likewise.   _____

Pleased to meet you.   _____

sir, Mr.   _____

madam, Mrs.   _____

miss, Miss   _____

Good-bye!   _____

See you later.   _____

See you tomorrow.   _____

See you!   _____

Fold In

Vowel sounds

- Like English, Spanish has five basic vowels, **a**, **e**, **i**, **o**, and **u**. But unlike English, each Spanish vowel sounds nearly the same in every word, which will help you figure out how to pronounce any Spanish word you see.

A. The letter **a** is pronounced "ah," as in the English word "father." Write three Spanish words related to *body parts* (**el cuerpo**) that contain the letter **a**. Say each word as you write it, paying special attention to the **a**.

_____   _____   _____

B. The letter **e** is pronounced "ay," as in the English word "pay." Write three Spanish *numbers under ten* that contain the letter **e**. Say each word as you write it, paying special attention to the **e**.

_____   _____   _____

C. The letter **i** is pronounced "ee," as in the English word "see." Write two Spanish words used in *greetings* that contain the letter **i**. Say each word as you write it, paying special attention to the **i**.

_____   _____

D. The letter **o** is pronounced "oh," as in the English word "go." Write three Spanish *numbers over ten* that contain the letter **o**. Say each word as you write it, paying special attention to the **o**.

_____   _____   _____

E. The letter **u** is pronounced "oo," as in the English word "zoo." Write three Spanish words that you've learned so far that contain the letter **u**. Say each word as you write it, paying special attention to the **u**.

_____   _____   _____

Para empezar

Fecha _____ **Guided Practice Activities P-2**

The letter *c*

- The letter **c** has two different sounds in Spanish. When it is followed by **a, o, u,** or any consonant other than **h**, it is a "hard **c**" and is pronounced like the **c** in "cat." Say these words with a hard **c**:

  <u>c</u>ómo   prá<u>c</u>ti<u>c</u>a   en<u>c</u>antado

- When the letter **c** is followed by **e** or **i**, it is a "soft **c**" and is pronounced like the **s** in "Sally." Say these words with a soft **c**:

  do<u>c</u>e   gra<u>c</u>ias   silen<u>c</u>io

A. Write out the numbers below (which all contain at least one letter **c**) in Spanish on the blanks provided.

1. 4   _____

2. 0   _____

3. 13   _____

4. 100   _____

5. 11   _____

6. 5   _____

7. 16   _____

8. 14   _____

9. 55   _____

10. 48   _____

B. Now, say aloud each of the words you wrote, paying special attention to the letter **c**. Go back to the answers you gave in **part A** and underline each hard **c** (as in **c**at). Circle each soft **c** (as in **S**ally). **Ojo:** Some words contain more than one **c**.

Write the Spanish vocabulary word below each picture. If there is a word or phrase, copy it in the space provided. Be sure to include the article for each noun.

la sala
de clases

_____ _____

el
año

_____

_____

el
día

_____

_____

el
mes

_____

_____

la
semana

_____

¿Qué día
es hoy?

_____

_____ _____

¿Cuál es
la fecha?

_____

_____ _____

Es el primero de enero.

_____ _____

_____ _____

Es el tres de marzo.

_____ _____

_____ _____

Es el cinco de mayo.

_____ _____

_____ _____

Es el catorce de febrero.

_____ _____

_____ _____

_____ _____

Es el once de septiembre.

_____ _____

_____ _____

_____ _____

Es el veinticinco de diciembre.

_____ _____

_____ _____

_____ _____

mañana

_____ _____

hoy

_____ _____

en

_____ _____

¿Cuántos?, ¿Cuántas? _____, _____	**hay** _____	**por favor** _____
¿Cómo se dice...? _____ _____	**Se dice...** _____	**¿Cómo se escribe...?** _____ _____
Se escribe... _____ _____	**¿Qué quiere decir...?** _____ _____	**Quiere decir...** _____ _____

Tear out this page. Write the English words on the lines. Fold the paper along the dotted line to see the correct answers so you can check your work.

En la clase

el bolígrafo _____

la carpeta _____

el cuaderno _____

el estudiante,
la estudiante _____

la hoja de papel _____

el lápiz _____

el libro _____

el profesor,
la profesora _____

el pupitre _____

la sala de clases _____

el año _____

el día _____

el mes _____

la semana _____

hoy _____

mañana _____

Fold In

Tear out this page. Write the Spanish words on the lines. Fold the paper along
the dotted line to see the correct answers so you can check your work.

pen   _____

folder   _____

notebook   _____

student   _____

                       _____

sheet of paper   _____

pencil   _____

book   _____

teacher   _____

                       _____

(student) desk   _____

classroom   _____

year   _____

day   _____

month   _____

week   _____

today   _____

tomorrow   _____

Fold In ←

More c sounds

- In **Activity P-2** you learned that the letter **c** has two different sounds in Spanish: "hard **c**" and "soft **c**." The "hard **c**" sound is also created by the letter groups **que** and **qui**. **Que** is always pronounced like the English "kay" and **qui** is always pronounced like the English word "key." Say these words:

  quince   **que**   **quiere**

A. Remember that the hard **c** is sometimes spelled with a **c** and sometimes with a **q**. Underline the words in each group below with a hard **c** ("**cat**") sound. Say each word aloud as you read it.

1. clase / García / doce

2. trece / cien / carpeta

3. equis / cierren / dieciséis

4. gracias / saquen / Cecilia

5. cero / silencio / catorce

6. once / cuaderno / diciembre

B. Circle the words in each group with a soft **c** ("**S**ally") sound. Say each word aloud as you read it.

1. Ricardo / cuarto / atención

2. diciembre / cómo / octubre

3. carpeta / cuaderno / Alicia

4. qué / quiere / decir

5. cien / Cristina / cuántos

6. saquen / cierren / capítulo

The *h* sound

- In Spanish, some letters have different pronunciations than they do in English. For example, the letter **j** is pronounced like the letter *h* in the English word "**h**at," but even more strongly and in the back of the throat. The letter **g**, when followed by **e** or **i**, also has the same "h" sound. However, the Spanish letter **h** is always silent! Say these words aloud:

  Jorge   jueves   hay   hasta   hoja

A. Circle all of the words below with a *pronounced* "h" sound. Don't be fooled by the silent letter **h**! Say each word aloud as you read it.

julio	hoy	hasta
⁄hoja	Jorge	Juan
junio	Guillermo	hora
José	página	hay
juego	¡Hola!	Eugenia

B. Now, go back to the words in **part A** and draw a diagonal line through every silent **h**. The first one has been done for you. Did you notice that **hoja** has both a silent **h** and a **j** that has a *pronounced* "h" sound?

_____

_____

_____

_____

_____

_____

_____

_____

_____

_____

_____

_____

_____

_____

_____

_____

_____

_____

_____

_____

la
estación

_____

_____

¿Qué
tiempo
hace?

_____

_____

_____

_____

_____

_____

_____

_____

_____

_____

_____

Tear out this page. Write the English words on the lines. Fold the paper along the dotted line to see the correct answers so you can check your work.

El tiempo

Hace calor. _____

Hace frío. _____

Hace sol. _____

Hace viento. _____

Llueve. _____

Nieva. _____

la estación _____

el invierno _____

el otoño _____

la primavera _____

el verano _____

Fold In →

Para empezar

Tear out this page. Write the Spanish words on the lines. Fold the paper along
the dotted line to see the correct answers so you can check your work.

It's hot.   _____

It's cold.   _____

It's sunny.   _____

It's windy.   _____

It's raining.   _____

It's snowing.   _____

season   _____

winter   _____

fall, autumn   _____

spring   _____

summer   _____

Fold In →

Para empezar

Special letters

- When studying the alphabet, you will notice a few letters that you may not have seen before. In addition to the letters we have in English, Spanish also has **ll**, **ñ**, and **rr**.

  a) **ll** is pronounced like a "y" in English, as in the word "**y**ellow."

  b) **ñ** is pronounced like the combination "ny," as in the English word "can**y**on."

  c) **rr** is a "rolled" sound in Spanish. It is made by letting your tongue vibrate against the roof of your mouth, and sounds a bit like a cat purring or a child imitating the sound of a helicopter.

Look at the pictures below and fill in the blanks in the words or phrases with either the letter **ll**, **ñ**, or **rr**. Be sure to say each word aloud as you write it, practicing the sounds of the new letters.

1. Es la se_____ora Guité_____ez.

4. _____ueve en la primavera.

2. Me _____amo Gui_____ermo.

5. Hace viento en el oto_____o.

3. Es el libro de espa_____ol.

The letters *b* and *v*

- In Spanish, the letters **b** and **v** are both pronounced with a "b" sound, like in the English word "boy." This makes pronunciation simple, but can make spelling more challenging! Say the following words:

      Buenos días.   ¡Nos vemos!   brazo   veinte   bolígrafo   verano

The phrases below all contain either **b** or **v**. Pronounce both with a "b" sound, and write the correct letter in the blanks in each conversation.

1. —Hola, profesor.

   —_____uenos días, estudiantes.

2. —¿Qué tiempo hace en el otoño?

   —Hace _____iento.

3. En fe_____rero hace mucho frío.

   —Sí, hace frío en el in_____ierno.

4. —¿Qué tiempo hace en la prima_____era?

   —Llue_____e pero hace calor.

5. —¿Qué día es hoy?

   —Hoy es el _____einte de no_____iembre.

6. —Le_____ántense, por fa_____or.

   —Sí, profesora.

7. —¿Cómo estás?

   —_____ien, pero me duele el _____razo.

Write the Spanish vocabulary word below each picture. If there is a word or phrase, copy it in the space provided. Be sure to include the article for each noun.

_____

_____

_____

_____

sí

_____

_____

también

_____

y

_____

pues...

ni... ni

o

_____

_____

_____

_____   _____   _____

_____   _____   _____

_____   _____   _____

_____   _____   _____

_____   _____   _____

_____   _____   _____

Tear out this page. Write the English words on the lines. Fold the paper along the dotted line to see the correct answers so you can check your work.

bailar   _____

cantar   _____

correr   _____

dibujar   _____

escribir cuentos   _____

escuchar música   _____

esquiar   _____

hablar por
teléfono   _____
_____

ir a la escuela   _____

jugar
videojuegos   _____
_____

leer revistas   _____

montar en
bicicleta   _____
_____

montar en
monopatín   _____

Fold In →

Tear out this page. Write the Spanish words on the lines. Fold the paper along the dotted line to see the correct answers so you can check your work.

to dance   _____

to sing   _____

to run   _____

to draw   _____

to write stories _____

to listen to music _____

to ski   _____

to talk on   _____
the phone   _____

to go to school   _____

to play   _____
video games   _____

to read magazines _____

to ride a   _____
bicycle   _____

to skateboard   _____
                  _____

Fold In →

Tear out this page. Write the English words on the lines. Fold the paper along the dotted line to see the correct answers so you can check your work.

nadar _____

pasar tiempo _____
con amigos
_____

patinar _____

practicar deportes _____

tocar la guitarra _____

trabajar _____

usar la _____
computadora
_____

ver la tele _____

_____

Fold In

Nombre _____   Hora _____

Fecha _____   **Vocabulary Check, Sheet 4**

Tear out this page. Write the Spanish words on the lines. Fold the paper along the dotted line to see the correct answers so you can check your work.

to swim   _____

to spend time   _____
with friends   _____

to skate   _____

to play sports   _____

                      _____

to play the guitar   _____

to work   _____

to use the   _____
computer   _____

to watch   _____
television

Fold In →

Capítulo 1A

Infinitives (p. 32)

- The most basic form of a verb is an *infinitive*.
- In English, infinitives have the word "to" in front of them such as *to walk* or *to swim*.
- In Spanish, infinitives end in **-ar (nadar)**, **-er (leer)**, or **-ir (escribir)**.

A. Look at each infinitive below and underline its ending. Follow the model.

| Modelo | patin<u>ar</u> |

1. escribir	**4.** esquiar	**7.** leer
2. nadar	**5.** usar	**8.** jugar
3. correr	**6.** dibujar	**9.** ver

B. Now, write the infinitive in the correct column of the chart. Is it an **-ar** verb, **-er** verb, or **-ir** verb? The first one has been done for you.

-ar verbs	*-er* verbs	*-ir* verbs

C. Complete the sentences with infinitives from **part A** to express what you like and don't like to do.

1. Me gusta _____ y _____.

2. No me gusta _____.

3. Me gusta mucho _____.

Negatives (p. 36)

- To make an English sentence negative, you usually use the word "not": *I do **not** like to sing.*
- To make a Spanish sentence negative, you usually put **no** in front of the verb or expression: *No me gusta cantar.*
- To answer a Spanish question negatively, you often use **no** twice: **¿Te gusta bailar?** *No, **no** me gusta.*
- To say that you do not like something at all, you add the word **nada**: **No, no me gusta *nada*.**
- To say you don't like either of two choices, use **ni... ni**: **No me gusta *ni* correr *ni* practicar deportes.**

A. Look at the sentences and circle only the *negative* words you see. Some sentences do not have negative words. Follow the model. (*Hint:* There should be eight words circled.)

Modelo   No me gusta cantar.

1. ¿Te gusta bailar?

2. No, no me gusta bailar.

3. ¿Te gusta patinar?

4. No, no me gusta nada.

5. No me gusta ni bailar ni patinar.

B. You circled three different negative words in **part A** above. What are they? Write them on the lines.

_____   _____   _____

C. Use the negative words **no, ni,** and **nada** to complete the following conversation.

ELENA: Enrique, ¿te gusta escuchar música?

ENRIQUE: No, _____ me gusta.

ELENA: ¿Te gusta bailar?

ENRIQUE: _____, no me gusta bailar.

ELENA: No te gusta _____ escuchar música _____ bailar. ¿Qué te gusta hacer?

ENRIQUE: ¡Me gusta ver la tele!

ELENA: ¡Uy, no me gusta _____!

Negatives (continued)

D. Complete the sentences with activities you don't like. You can use the drawings for ideas of activities.

1. No me gusta _____.

2. No me gusta _____.

3. No me gusta ni _____ ni _____.

E. Now answer the questions negatively. Follow the models.

Modelos ¿Te gusta esquiar?
No, no me gusta esquiar.

¿Te gusta correr y nadar?
No, no me gusta ni correr ni nadar.

1. ¿Te gusta dibujar?

_____

2. ¿Te gusta cantar?

_____

3. ¿Te gusta escribir cuentos?

_____

4. ¿Te gusta esquiar y nadar?

_____

5. ¿Te gusta patinar y correr?

_____

Nombre _____   Hora _____

Capítulo 1A   Fecha _____   **Guided Practice Activities 1A-4**

Expressing agreement or disagreement (p. 38)

- To agree with what another person <u>likes</u>, use **a mí también**:
    —Me gusta patinar.
    —**A mí también.**
- To agree with what another person <u>dislikes</u>, use **a mí tampoco**:
    —No me gusta cantar.
    —**A mí tampoco.**

A. The word web shows positive (agreement) words and negative (disagreement) words that you have learned. Look at the sample conversation, paying attention to the words **también** and **tampoco**. One of these two words is positive and one is negative. Write each word in the correct circle of the word web.

JUAN: A mí me gusta correr.

ANA: A mí **también**.

JUAN: No me gusta cantar.

ANA: A mí **tampoco**.

B. Now, complete the following exchanges with either **también** or **tampoco**.

1. JORGE: A mí me gusta mucho dibujar.

    SUSANA: A mí _____.

2. LUIS: No me gusta nada hablar por teléfono.

    MARCOS: A mí _____.

3. OLIVIA: A mí no me gusta ni bailar ni correr.

    ALBERTO: A mí _____.

4. NATALIA: Me gusta esquiar. ¿Y a ti?

    JAVIER: A mí _____.

5. SARA: A mí no me gusta trabajar.

    PABLO: A mí _____.

6. LORENA: Me gusta mucho montar en bicicleta. ¿Y a ti?

    MARTA: A mí _____.

C. Look back at the exchanges in **part B** above. Put a plus (+) next to the exchange if it is positive. Put a minus (–) next to it if it is negative.

Lectura: ¿Qué te gusta hacer? (pp. 40–41)

A. The reading in your textbook contains four self-descriptions by students from various parts of the Spanish-speaking world. Read the following selection about Marisol. Then answer the questions that follow.

> "¿Te gusta practicar deportes y escuchar música? ¡A mí me gusta mucho! También me gusta jugar al básquetbol. ¡Hasta luego!"

1. Go back to the reading above and circle the sentence where Marisol is asking you a question.

2. Underline the words that tell you that Marisol is talking about things that she likes.

3. Now list the activities that Marisol likes to do in the spaces below:

_____   _____   _____

B. Read the following selection written by Pablo and answer the questions that follow.

> "Me gusta mucho jugar al vóleibol y al tenis. Me gusta escribir cuentos y también me gusta organizar fiestas con amigos. No me gusta ni jugar videojuegos ni ver la tele. ¡Hasta pronto!"

1. Underline the words that tell you that Pablo is talking about things that he likes.

2. Circle the things Pablo does not like.

3. Pablo is from «Guinea Ecuatorial». How would you write that in English?

_____

C. Some quotes from the reading are listed below. Identify the speaker of each by writing in their name and country of origin. Follow the model.

Modelo   "Me gusta jugar al básquetbol."__*Marisol*____*Puerto Rico*__

1. "Me gusta mucho ver la tele."   _____ _____

2. "Me gusta escribir cuentos."   _____ _____

3. "Me gusta hablar por teléfono con amigos." _____ _____

4. "Me gusta organizar fiestas con amigos."   _____ _____

5. "Me gusta tocar el piano."   _____ _____

Presentación oral (p. 43)

Task: Pretend that you are a new student at school. You have been asked to tell the class a little bit about your likes and dislikes.

A. Fill in each empty space in the diagram with at least two activities that represent you.

me gusta

me gusta mucho

no me gusta nada

A mí

B. As part of your presentation, you will need to introduce yourself to everyone before you begin talking about your likes and dislikes. Think about how you would introduce yourself in Spanish to someone you don't know. Write one possibility below.

_____

C. Now, add to your greeting by talking about what you like and dislike. Using your information from the diagram in **part A**, write three sentences describing what you like, what you like a lot, and what you do not like.

1. Me gusta _____.

2. Me gusta mucho _____.

3. No me gusta _____.

D. Your teacher will always evaluate your presentations using a rubric, which is like a checklist of elements needed to perform your task. The fewer items completed, the lower the score. Some of the items for this presentation include:

- how much information you communicate
- how easy it is to understand you
- how clearly and neatly your visuals match what you are saying

Write the Spanish vocabulary word below each picture. If there is a word or phrase, copy it in the space provided. Be sure to include the article for each noun.

_____

_____

_____

_____

_____

_____

_____

_____

_____

_____

_____

_____

_____

_____

bueno, buena

_____,

_____

atrevido, atrevida

_____,

_____

paciente

_____

reservado, reservada

_____,

_____

simpático, simpática

_____,

_____

talentoso, talentosa

_____,

_____

yo

_____

él

_____

ella

_____

la familia

_____

_____

el amigo

_____

_____

la amiga

_____

_____

a veces

_____

_____

muy

_____

pero

_____

según

_____

**según
mi
familia**

_____

_____

_____

_____

_____

_____

_____

_____

Tear out this page. Write the English words on the lines. Fold the paper along the dotted line to see the correct answers so you can check your work.

artístico,
artística _____

atrevido,
atrevida _____

bueno, buena _____

deportista _____

desordenado,
desordenada _____

estudioso,
estudiosa _____

gracioso,
graciosa _____

impaciente _____

inteligente _____

ordenado,
ordenada _____

paciente _____

perezoso,
perezosa _____

Fold In

Tear out this page. Write the Spanish words on the lines. Fold the paper along the dotted line to see the correct answers so you can check your work.

artistic _____

_____

daring _____

_____

good _____

sports-minded _____

messy _____

_____

studious _____

_____

funny _____

_____

impatient _____

intelligent _____

neat _____

_____

patient _____

lazy _____

_____

Fold In ←

Tear out this page. Write the English words on the lines. Fold the paper along the dotted line to see the correct answers so you can check your work.

reservado, reservada _____

serio, seria _____

simpático, simpática _____

sociable _____

talentoso, talentosa _____

trabajador, trabajadora _____

el chico _____

la chica _____

el amigo _____

la amiga _____

yo _____

él _____

ella _____

muy _____

según mi familia _____

_____

Fold In →

Tear out this page. Write the Spanish words on the lines. Fold the paper along the dotted line to see the correct answers so you can check your work.

reserved, shy _____

_____

serious _____

nice, friendly _____

_____

sociable _____

talented _____

_____

hardworking _____

_____

boy _____

girl _____

friend (male) _____

friend (female) _____

I _____

he _____

she _____

very _____

according to my family _____

Fold In

Adjectives (p. 55)

- Words that describe people and things are called adjectives.
- Most Spanish adjectives have two forms: masculine (ends in **-o** like **simpático**) and feminine (ends in **-a** like **estudiosa**).
- Masculine adjectives are used with masculine nouns: <u>Tomás</u> es <u>simpático</u>.
- Feminine adjectives are used with feminine nouns: <u>Luisa</u> es <u>estudiosa</u>.
- Adjectives that end in **-e** and **-ista** may be used with either masculine or feminine nouns:

  <u>Tomás</u> es <u>inteligente</u>. <u>Luisa</u> es <u>inteligente</u> también.

  <u>Marcos</u> es muy <u>deportista</u>. <u>Ana</u> es muy <u>deportista</u> también.
- Adjectives with the masculine form **-dor** have **-dora** as the feminine form:

  <u>Juan</u> es <u>trabajador</u>. <u>Susana</u> es <u>trabajadora</u> también.

A. Look at the adjectives below. Circle the ending of the adjective: **-o**, **-a**, **-or**, **-ora**, **-e**, or **-ista**.

1. trabajador	4. ordenada	7. trabajadora
2. deportista	5. inteligente	8. sociable
3. paciente	6. simpática	9. estudioso

B. Now, organize the adjectives from **part A** by writing them in the chart under the correct column heading. One has been done for you.

Masculine endings		Feminine endings		Masculine or feminine	
-o	-or	-a	-ora	-e	-ista
	trabajador				

C. Now look at the following sentences. Write **M** next to the sentences where the adjective is masculine. Write **F** next to the sentences where the adjective is feminine. Write **E** next to the sentences where the adjective could be *either* masculine or feminine.

_____ 1. Yo soy muy simpática.

_____ 2. Tú eres muy estudioso.

_____ 3. Tú eres muy ordenado.

_____ 4. Yo soy muy trabajadora.

_____ 5. Yo soy muy inteligente.

_____ 6. Tú eres muy trabajador.

_____ 7. Yo soy muy paciente.

_____ 8. Yo soy muy deportista.

_____ 9. Tú eres muy reservada.

_____ 10. Tú eres muy impaciente.

Adjectives *(continued)*

D. Choose the correct adjective to complete each sentence and write it in the blank.

1.

Raúl es (**estudioso / estudiosa**) _____.

2.

Rebeca es (**artístico / artística**) _____.

3.

Pedro es muy (**ordenado / ordenada**) _____.

4.

Paulina es muy (**atrevido / atrevida**) _____.

5.

Javier es (**trabajador / trabajadora**) _____.

6.

Elena es (**perezoso / perezosa**) _____.

E. Now, choose the correct adjective in each sentence to describe yourself. Write the adjective in the blank.

1. Yo soy (**paciente / impaciente**) _____.

2. Soy (**simpático / simpática**) _____.

3. También soy (**trabajador / trabajadora**) _____.

4. No soy (**serio / seria**) _____.

Definite and indefinite articles (p. 60)

- **El** and **la** are the Spanish *definite articles*. They mean the same as "the" in English.
- You use **el** with masculine nouns: **el libro**. You use **la** with feminine nouns: **la carpeta**.
- **Un** and **una** are the Spanish *indefinite articles*. They mean the same as "a" and "an" in English.
- You use **un** with masculine nouns: **un libro**. You use **una** with feminine nouns: **una carpeta**.

A. Look at the ending of each noun in this group. Decide if the noun is masculine or feminine. Write **M** next to the masculine words and **F** next to the feminine words. Follow the model.

Modelo ___F___ computadora

1. _____ año   3. _____ libro   5. _____ carpeta
2. _____ semana   4. _____ hoja   6. _____ profesor

B. Now, look at the words from **part A** again and circle the definite article **el** for the masculine words and the definite article **la** for the feminine words.

1. (**el / la**) año   3. (**el / la**) libro   5. (**el / la**) carpeta
2. (**el / la**) semana   4. (**el / la**) hoja   6. (**el / la**) profesor

C. Look at the ending of each noun below. Decide if the word is masculine or feminine. Write **M** next to the masculine words and **F** next to the feminine words.

1. _____ cuaderno   3. _____ revista   5. _____ bicicleta
2. _____ amigo   4. _____ familia   6. _____ cuento

D. Now, look at the words from **part C** again and circle the indefinite article **un** for the masculine words and the indefinite article **una** for the feminine words.

1. (**un / una**) cuaderno   3. (**un / una**) revista   5. (**un / una**) bicicleta
2. (**un / una**) amigo   4. (**un / una**) familia   6. (**un / una**) cuento

E. Circle the correct definite or indefinite article to complete each sentence.

1. (**El / La**) estudiante es estudiosa.   5. (**El / La**) profesor es trabajador.
2. (**El / La**) profesora es buena.   6. (**Un / Una**) estudiante es artístico.
3. (**Un / Una**) amigo es simpático.   7. (**El / La**) amiga es inteligente.
4. (**Un / Una**) estudiante es atrevida.   8. (**Un / Una**) estudiante es reservada.

Word order: Placement of adjectives (p. 62)

- English adjectives usually come *before* the noun they describe.
- Spanish adjectives usually come *after* the noun they describe:

  Olga es una <u>chica talentosa</u>.

- Many Spanish sentences follow this pattern:

  <u>subject noun</u> + <u>verb</u> + <u>indefinite article and noun</u> + <u>adjective</u>
      1   2   3   4

  <u>Roberto</u> <u>es</u> <u>un</u> <u>estudiante</u> <u>bueno</u>.   <u>Serena</u> <u>es</u> <u>una</u> <u>chica</u> <u>inteligente</u>.
   1   2   3   4   1   2   3   4

A. Look at the following groups of words. Write a number from **1** to **4** below each word according to what kind of word it is. Follow the model and use the examples above.

- Write **1** for subject nouns.
- Write **2** for verbs.
- Write **3** for indefinite articles and nouns.
- Write **4** for adjectives.

Modelo   es / Diego / talentoso / un estudiante
         2   1   4   3

1. seria / Olga / una estudiante / es

2. un amigo / es / bueno / Guillermo

3. Javier / un estudiante / es / trabajador

4. es / Concha / simpática / una chica

5. es / una estudiante / Ana / inteligente

6. Manuel / es / atrevido / un chico

B. Now, write the complete sentence for each example from **part A** by putting the words in order by the numbers you added, going from 1 to 4. Follow the model.

Modelo   *Diego es un estudiante talentoso.*

1. _____

2. _____

3. _____

4. _____

5. _____

6. _____

Lectura: Un *self-quiz* (p. 64–65)

A. You have seen many cognates used in your textbook. Cognates are related words in different languages; for example, the word **profesor** in Spanish is a *professor* or *teacher* in English. Cognates occur in your vocabulary lists and in readings. Look at the cognates below and write the English word for each on the line provided. Follow the model.

Modelo   bicicleta   _bicycle_

1. computadora _____
2. básquetbol _____
3. la tele _____
4. los colores _____

5. verbo _____
6. usar _____
7. organizar _____
8. estudiar _____

B. Now, read the following section from your textbook. You will find even more cognates in this reading. Find the Spanish word that corresponds to each English word below. Write the Spanish word on the lines provided.

> ¡Los colores revelan tu personalidad!
> ¿Eres una chica? ¿Te gusta el verde? Eres una chica natural.
> ¿Eres una chica? ¿Te gusta el azul? Eres muy talentosa.
> ¿Eres una chica? ¿Te gusta el violeta? Eres muy independiente.

- personality _____
- natural _____
- talented _____
- independent _____
- violet _____

C. The reading in your textbook is a self-quiz that tells you information about your personality based on the colors you like and whether you are a boy or a girl. Based on the information given below and what you learned from the reading, circle if you are a boy or a girl. Then, write what color you like. Follow the model.

Modelo   Eres romántico. Eres (**un chico** / **una chica**). Te gusta____ _el violeta_ ____

1. Eres atrevido. Eres (**un chico** / **una chica**). Te gusta _____.
2. Eres muy talentosa. Eres (**un chico** / **una chica**). Te gusta _____.
3. Eres artística. Eres (**un chico** / **una chica**). Te gusta _____.

Presentación escrita (p. 67)

Task: Write an e-mail in which you introduce yourself to a prospective pen pal.

❶ Prewrite. In order to introduce yourself to a new friend, you need to first organize what you are going to include. Fill in the form below with your personal information.

Me llamo _____.

Soy (*use adjectives to describe yourself*) _____

_____.

Me gusta _____.

No me gusta _____.

❷ Draft. Read the following e-mail that another student has written. You should use this to guide you in drafting your own e-mail.

> ¡Hola! Me llamo Pilar. Soy una chica artística y muy independiente. Me gusta mucho dibujar y usar la computadora, pero me gusta más bailar. Me gusta la música salsa. No me gusta nada practicar deportes. ¿Cómo eres tú? Escríbeme pronto.

Now, create an e-mail similar to the one above writing in your information from **part 1.**

¡Hola! Me llamo _____. Soy (**un chico** / **una chica**) _____

_____ y _____. Me gusta mucho _____

_____, pero me gusta más _____.

Me gusta _____. No me gusta _____.

¿Cómo eres tú? Escríbeme pronto.

❸ Revise. Exchange papers with another student in your class. Use the following checklist to review your partner's e-mail and also when you rewrite yours. If you need help figuring out what is correct, use the model from the **Prewrite** section above.

_____ Is there enough information provided for each question in the prewrite stage?
  • stated his/her name
  • described himself/herself
  • said what he/she likes to do
  • said what he/she doesn't like to do

_____ Is the spelling correct? (Use a dictionary if you are not sure.)

_____ Are the adjectives in the correct form? (Think, is the student male or female?)

_____ Is there an opening and a closing?

❹ Publish. Write your revised e-mail on a separate sheet of paper. Your teacher may ask you to type the e-mail and send it to a prospective pen pal.

Nombre _____   Hora _____

Capítulo 2A   Fecha _____   **Vocabulary Flash Cards, Sheet 1**

Write the Spanish vocabulary word below each picture. If there is a word or phrase, copy it in the space provided. Be sure to include the article for each noun.

Horario	
Hora	Clase
Primera hora	inglés
Segunda hora	matemáticas
Tercera hora	arte
Cuarta hora	ciencias sociales
Quinta hora	el almuerzo
Sexta hora	tecnología
Séptima hora	español
Octava hora	educación física
Novena hora	ciencas naturales

Nombre _____   Hora _____

Capítulo 2A   Fecha _____   **Vocabulary Flash Cards, Sheet 2**

_____
_____

_____
_____

_____
_____

_____

_____

_____

la clase

_____
_____

hablar

_____

necesito

_____

en la ... hora

_____ _____

_____

primero, primera

_____,

_____

segundo, segunda

_____,

_____

tercero, tercera

_____,

_____

cuarto, cuarta

_____,

_____

quinto, quinta

_____,

_____

sexto, sexta

_____,

_____

séptimo, séptima

_____,

_____

octavo, octava

_____,

_____

noveno, novena	**décimo, décima**	**aburrido, aburrida**
_____, _____	_____, _____	_____, _____
difícil	**divertido, divertida**	**fácil**
_____	_____, _____	_____
favorito, favorita	**interesante**	**práctico, práctica**
_____, _____	_____	_____, _____

más... que	a ver...	¿Quién?
_____... _____	_____	_____
para	mucho	la tarea
_____	_____	_____
la clase de...	necesitas	(yo) tengo
_____	_____	_____

**(tú)
tienes**

_____

_____

_____

_____

_____

_____

_____

_____

_____

_____

_____

_____

_____

_____

_____

_____

_____

_____

Tear out this page. Write the English words on the lines. Fold the paper along the dotted line to see the correct answers so you can check your work.

el almuerzo _____

la clase _____

arte _____

español _____

ciencias naturales _____

ciencias sociales _____

educación física _____

inglés _____

matemáticas _____

tecnología _____

el horario _____

la tarea _____

enseñar _____

estudiar _____

hablar _____

primero, primera _____

segundo, segunda _____

Fold In

Tear out this page. Write the Spanish words on the lines. Fold the paper along
the dotted line to see the correct answers so you can check your work.

lunch   _____

class   _____

art   _____

Spanish   _____

science   _____

social studies   _____

physical education   _____

English   _____

mathematics   _____

technology/
computers   _____

schedule   _____

homework   _____

to teach   _____

to study   _____

to talk   _____

first   _____

second   _____

Fold In

Tear out this page. Write the English words on the lines. Fold the paper along the dotted line to see the correct answers so you can check your work.

tercero, tercera   _____

cuarto, cuarta   _____

quinto, quinta   _____

sexto, sexta   _____

séptimo, séptima   _____

octavo, octava   _____

noveno, novena   _____

décimo, décima   _____

la calculadora   _____

la carpeta de   _____
argollas
                        _____

el diccionario   _____

aburrido, aburrida   _____

difícil   _____

fácil   _____

Fold In

Tear out this page. Write the Spanish words on the lines. Fold the paper along the dotted line to see the correct answers so you can check your work.

third _____

fourth _____

fifth _____

sixth _____

seventh _____

eighth _____

ninth _____

tenth _____

calculator _____

three-ring binder _____

dictionary _____

boring _____

difficult _____

easy _____

Fold In ←

Subject pronouns (p. 82)

- The subject of the sentence tells who is doing the action. It is often a name: <u>Ana</u> canta.
- Subject pronouns replace people's names to say who is doing an action: <u>Ella</u> **canta.** <u>Tú</u> **bailas.**
- Here are the Spanish subject pronouns:

Singular	Plural
yo (I)	**nosotros** (we, *masculine or mixed*)
tú (you, *familiar*)	**nosotras** (we, *feminine*)
usted (you, *formal*)	**vosotros** (you, *familiar plural, masculine or mixed*)
él (he)	**vosotras** (you, *familiar plural, feminine*)
ella (she)	**ustedes** (you, *formal plural*)
	ellos (they, *masculine or mixed*)
	ellas (they, *feminine*)

- **Vosotros** and **vosotras** are primarily used in Spain.
- **Usted** and **ustedes** are formal forms that are used with people you address with a title, such as **señor** and **doctor**.
- In Latin America, **ustedes** is also used when addressing two or more people you call **tú** individually.

A. Write the twelve subject pronouns listed above in the correct category of the chart. Follow the model.

Singular			Plural		
Masculine only	Feminine only	Masculine or feminine	Masculine or mixed	Feminine only	Masculine or feminine
él					

B. Look at the English subject pronouns below. Use the list above to help you circle the Spanish subject pronoun that corresponds to the English pronoun.

1. *I* (**él** / **yo**)
2. *we* (**nosotros** / **vosotros**)
3. *you* (**ella** / **usted**)
4. *they* (**ellos** / **ustedes**)
5. *he* (**tú** / **él**)

6. *we* (**usted** / **nosotras**)
7. *you* (**nosotras** / **tú**)
8. *you* (**ellas** / **ustedes**)
9. *she* (**él** / **ella**)
10. *they* (**nosotras** / **ellas**)

Capítulo 2A

Subject pronouns (continued)

C. Circle the subject pronoun that is best associated with each group of names.

1. Susana, Luisa, Marta: (**ellos** / **ellas**)

2. Pablo: (**él** / **ella**)

3. el señor Rivas: (**tú** / **usted**)

4. la señora Rivas: (**tú** / **usted**)

5. Alberto y tú: (**ustedes** / **nosotros**)

6. Sandra y ella: (**ellos** / **ellas**)

7. Marcos y María: (**ellos** / **ellas**)

8. el señor Rodríguez y la señora Rodríguez: (**ustedes** / **vosotros**)

9. Teresa: (**él** / **ella**)

10. Martín y Roberto: (**ellos** / **ellas**)

D. Look at the following drawings and answer the questions using subject pronouns. Follow the model.

Modelo   ¿Quién es?

Es _____*él*_____.

1. ¿Quién es?

Es _____.

4. ¿Quién soy?

Soy _____.

2. ¿Quiénes son?

Son _____.

5. ¿Quiénes son?

Somos _____.

3. ¿Quién es?

Es _____.

Present tense of *-ar* verbs (p. 84)

- An infinitive is the most basic form of a verb. In English, infinitives have the word "to" in front of them (to talk). In Spanish, infinitives end in **-ar**, **-er**, or **-ir**.
- The largest number of Spanish infinitives end in **-ar**: **hablar**, **cantar**, etc.
- To create the present tense of most of these verbs, drop the **-ar** from the stem: **habl-**, **cant-**, etc.
- Add the verb endings:

yo: add **-o**: **hablo**	nosotros/nosotras: add **-amos**: hablamos
tú: add **-as**: **hablas**	vosotros/vosotras: add **-áis**: habláis
usted/él/ella: add **-a**: **habla**	ustedes/ellos/ellas: add **-an**: hablan

A. Look at each verb form. Circle the ending. Follow the model.

Modelo estudi(a)

1. hablas
2. nado
3. canta
4. tocamos
5. trabajas

6. patinamos
7. dibujan
8. bailo
9. pasan
10. escucha

B. Now, look at the same list of verb forms from **part A** and circle the subject pronoun that matches each verb.

1. (**usted** / **tú**) hablas
2. (**yo** / **ella**) nado
3. (**usted** / **yo**) canta
4. (**nosotros** / **vosotros**) tocamos
5. (**tú** / **usted**) trabajas

6. (**ellos** / **nosotras**) patinamos
7. (**ustedes** / **nosotros**) dibujan
8. (**yo** / **él**) bailo
9. (**ellas** / **usted**) pasan
10. (**ella** / **ustedes**) escucha

Present tense of -ar verbs (continued)

C. Complete each sentence by writing the correct **-ar** verb ending on the line provided. Follow the model.

Modelo   Ellas mont_an_ en bicicleta.

1. Marta trabaj_____ .
2. Yo cant_____.
3. Tú esquí_____.

4. Ellos patin_____.
5. Nosotros bail_____.

D. Now, complete each sentence with the correct verb form of the infinitive in parentheses. Follow the model.

Modelo   Tú (nadar) _nadas_ .

1. Yo (bailar) _____ .
2. Ella (cantar) _____ .
3. Nosotros (trabajar) _____ .
4. Ustedes (patinar) _____ .

5. Ellos (esquiar) _____ .
6. Tú (nadar) _____ .
7. Él (dibujar) _____ .
8. Ellas (usar) _____ la computadora.

E. Create complete sentences using the subject pronoun provided. Follow the model.

Modelo   tú /   _Tú dibujas._

1. él /

3. ellos /

_____

_____

2. nosotros /

4. yo /

_____

_____

Capítulo 2A   Fecha _____

Lectura: La Escuela Español Vivo (pp. 90–91)

A. The reading in your textbook is a brochure for a school called **Español Vivo**. The following is an excerpt from that reading. Read and answer the questions that follow.

|| *Es verano, el mes de junio. Eres estudiante en Santa Ana, un pueblo en las montañas de Costa Rica.* ||

1. Underline the season and month in the paragraph above.

2. Circle the town and country where the school is located.

3. What does the word **montañas** mean? _____

B. Here is another excerpt from that same reading. Read and answer the questions below.

|| *Hay cinco estudiantes en tu clase. Uds. escuchan, hablan y practican el español todo el día. También usan la computadora.* ||

1. How many students are in the class? _____

2. Circle the four activities from the reading that students do in class (just circle the verbs).

3. How many of the verbs that you circled in number 2 go with the word **el español**? _____ Which ones? _____

C. Look at the reading on the top of the second page in your textbook.

1. Circle the one activity listed below that is NOT something you can do on the weekends in Costa Rica.

   a. visitar un volcán   **c.** nadar en el mar Mediterráneo

   b. visitar un parque nacional   **d.** nadar en el océano Pacífico

2. There are many cognates in the four examples above. Write the Spanish word or words, choosing from examples **a** through **d**, that go with the English words below.

   • visit _____   • Mediterranean _____

   • volcano _____   • Pacific Ocean _____

   • national park _____

D. Look at the schedule for the school day in the **Español Vivo** school. Answer the questions that follow.

Hora	lunes a viernes
08:00–10:30	Clases de español
10:30–11:00	Recreo
11:00–13:00	Clases de español
13:00–14:00	Almuerzo
14:00–15:30	Conversaciones
15:30–16:30	Clase de música y baile

1. At what times do the students go to classes?

   at _____, _____, and _____

2. When do students have conversations? at _____

3. Since there is no A.M. or P.M., how do you know when the clock goes over to afternoon hours? _____

Presentación oral (p. 93)

Task: Imagine that a student from Costa Rica has just arrived at your school. Tell the student about some of your classes.

A. Fill in the chart below with information on three of your classes. Follow the model.

Hora	Clase	Comentarios	Profesor(a)
primera	la clase de arte	me gusta dibujar	el Sr. Gómez

B. Before writing up your own presentation, read the following sample. Read it out loud the second time through to get an idea of how long it will take you to do your presentation.

> *En la primera hora tengo la clase de arte. Me gusta dibujar. La clase es mi favorita. El Sr. Gómez es el profesor.*

When speaking, remember to do the following:

_____ speak clearly

_____ use complete sentences

_____ read all information

C. Now, fill in the paragraph below with information about one of your classes.

En la _____ hora tengo la clase de _____.

Me gusta _____. La clase es _____.

_____ es el (la) profesor(a).

D. When the teacher asks you to present your work, you will describe the one class as you see it in **part C**. Your teacher will be grading you on:

- how complete your preparation is
- how much information you communicate
- how easy it is to understand you.

Write the Spanish vocabulary word below each picture. If there is a word or phrase, copy it in the space provided. Be sure to include the article for each noun.

_____

_____

¿Dónde?

_____

_____

_____

de

_____

_____

_____

Hay

_____

al lado de	**detrás de**	**allí**
_____ _____ _____	_____	_____
debajo de	**encima de**	**aquí**
_____ _____	_____ _____	_____
delante de	**en**	**unos,** **unas**
_____ _____	_____	_____

mi

_____

tu

_____

Es un(a)...

_____

_____

¿Qué es esto?

_____ _____

_____

los,
las

_____

_____

_____

_____

_____

_____

_____

_____

_____

Nombre _____ Hora _____

Capítulo 2B

Fecha _____ **Vocabulary Check, Sheet 1**

Tear out this page. Write the English words on the lines. Fold the paper along the dotted line to see the correct answers so you can check your work.

la bandera _____

el cartel _____

la computadora _____

la mochila _____

_____

la pantalla _____

la papelera _____

_____

el ratón _____

el reloj _____

el sacapuntas _____

_____

el teclado _____

el escritorio _____

la mesa _____

la silla _____

la puerta _____

Fold In →

Tear out this page. Write the Spanish words on the lines. Fold the paper along the dotted line to see the correct answers so you can check your work.

flag _____

poster _____

computer _____

bookbag, _____
backpack

(computer) screen _____

wastepaper _____
basket

(computer) mouse _____

clock _____

pencil _____
sharpener

(computer) keyboard _____

desk _____

table _____

chair _____

door _____

Fold In

Tear out this page. Write the English words on the lines. Fold the paper along the dotted line to see the correct answers so you can check your work.

la ventana   _____

al lado de   _____

allí   _____

aquí   _____

debajo de   _____

delante de   _____

detrás de   _____

¿Dónde?   _____

en   _____

encima de   _____

Hay   _____

Fold In →

Tear out this page. Write the Spanish words on the lines. Fold the paper along the dotted line to see the correct answers so you can check your work.

window _____

next to _____

there _____

here _____

underneath _____

in front of _____

behind _____

Where? _____

in, on _____

on top of _____

There is, There are _____

Fold In

The verb *estar* (p. 107)

- Irregular verbs do not follow the same pattern as regular verbs.
- **Estar** (*to be*) is irregular. Its **yo** form (**estoy**) is different from the regular **-ar yo** form. Its **tú**, **usted/él/ella**, and **ustedes/ellos/ellas** forms are different because they have an accent on the **a**: **estás, está, están**.
- Here are the forms of **estar**:

yo	estoy	nosotros/nosotras	estamos
tú	estás	vosotros/vosotras	estáis
usted/él/ella	está	ustedes/ellos/ellas	están

- **Estar** is used to tell how someone feels or to give a location.

A. Circle the ending of each form of **estar**.

1. yo estoy

2. tú estás

3. Ud. está

4. nosotras estamos

5. ellos están

B. Now, complete each sentence by writing in the correct ending for the correct form of **estar**.

1. Tú est_____ en la clase de arte.

2. Ellos est_____ en la clase de ciencias.

3. Nosotros est_____ en la clase de español.

4. Yo est_____ en la clase de matemáticas.

5. Él est_____ en la clase de literatura.

6. Usted est_____ en la oficina.

7. Ustedes est_____ en la sala de clase.

8. Nosotras est_____ en la clase de tecnología.

C. Complete each sentence with the correct form of **estar**.

1. Yo _____ bien.

2. Tú _____ muy bien.

3. Ella _____ regular.

4. Nosotras _____ bien.

5. Usted _____ regular.

6. Ellos _____ bien.

7. Él _____ regular.

8. Ustedes _____ bien.

The verb *estar (continued)*

D. Complete the conversation with correct forms of **estar**.

LUISA: ¡Buenos días! ¿Cómo _____ ustedes?

ANA E INÉS: Nosotras _____ bien. ¿Y tú? ¿Cómo _____?

LUISA: Yo _____ muy bien. ¿Dónde _____ Marcos y Marta?

ANA: Marcos _____ en la clase de español. Marta _____ en la clase de matemáticas.

E. Create complete sentences with **estar**. Follow the model.

Modelo   usted / estar / en la clase de matemáticas

_____*Usted está en la clase de matemáticas*_____.

1. tú / estar / en la clase de español

   _____

2. ellas / estar / en la clase de arte

   _____

3. nosotros / estar / en la clase de inglés

   _____

4. usted / estar / en la clase de matemáticas

   _____

5. yo / estar / en la clase de tecnología

   _____

6. él / estar / en la clase de ciencias sociales

   _____

Capítulo 2B   Fecha _____ **Guided Practice Activities 2B-3**

The plurals of nouns and articles (p. 110)

Plural of nouns		Plural definite articles		Plural indefinite articles	
Ends in vowel	Ends in consonant	Masculine	Feminine	Masculine	Feminine
add -s: libros, sillas	add -es: relojes, carteles	**los** (*the*) los libros	**las** (*the*) las sillas	**unos** (*some, a few*) unos libros	**unas** (*some, a few*) unas sillas

• Nouns that end in **-z** change the **z** to **c** in the plural: **lápiz → lápices.**

A. Circle the ending of each noun. Is it a vowel or a consonant? Write **V** for vowel or **C** for consonant next to each word.

1. _____ cartel
2. _____ teclado
3. _____ mochila
4. _____ mes

5. _____ bandera
6. _____ reloj
7. _____ estudiante
8. _____ profesor

B. Now, look at the same words from **part A** and add the endings to make them plural.

1. cartel_____
2. teclado_____
3. mochila_____
4. mes_____

5. bandera_____
6. reloj_____
7. estudiante_____
8. profesor_____

C. Now, write the *complete* plural form of each word from **part B.**

1. cartel _____
2. teclado _____
3. mochila _____
4. mes _____
5. bandera _____
6. reloj _____
7. estudiante _____
8. profesor _____

The plurals of nouns and articles (*continued*)

D. Identify whether each of the words from **part C** are masculine or feminine. Write **M** for masculine or **F** for feminine next to each word.

1. _____ cartel
2. _____ teclado
3. _____ mochila
4. _____ mes

5. _____ bandera
6. _____ reloj
7. _____ pupitre
8. _____ profesor

E. Now, look at the words from **part D** in the plural. Circle the correct definite article, masculine or feminine.

1. (**los** / **las**) carteles
2. (**los** / **las**) teclados
3. (**los** / **las**) mochilas
4. (**los** / **las**) meses

5. (**los** / **las**) banderas
6. (**los** / **las**) relojes
7. (**los** / **las**) pupitres
8. (**los** / **las**) profesores

F. Look at each noun below and write **los** or **las**, depending on whether the word is masculine or feminine.

1. _____ puertas
2. _____ ventanas
3. _____ horarios

4. _____ lápices
5. _____ ratones
6. _____ pantallas

G. Look at the words from **part E** again. This time, circle the correct indefinite article, masculine or feminine.

1. (**unos** / **unas**) carteles
2. (**unos** / **unas**) teclados
3. (**unos** / **unas**) mochilas
4. (**unos** / **unas**) meses

5. (**unos** / **unas**) banderas
6. (**unos** / **unas**) relojes
7. (**unos** / **unas**) pupitres
8. (**unos** / **unas**) profesores

H. Look at the nouns from **part F** again. Now, write **unos** or **unas**, depending on whether the word is masculine or feminine.

1. _____ puertas
2. _____ ventanas
3. _____ horarios

4. _____ lápices
5. _____ ratones
6. _____ pantallas

Nombre _____ Hora _____

Capítulo 2B

Fecha _____

Lectura: El UNICEF y una convención para los niños (pp. 114–115)

A. The reading in your textbook talks about the organization UNICEF (United Nations International Children's Emergency Fund). You will see many cognates in the reading. Look through the reading and find the Spanish words that most closely resemble the ones below. Write the words in the spaces provided.

1. convention _____
2. dignity _____
3. nations _____
4. protection _____
5. special _____

6. diet _____
7. opinions _____
8. community _____
9. violence _____
10. privilege _____

B. Look at the first paragraph from the reading in your textbook. Write down three things that are said to be privileges for children.

1. _____
2. _____
3. _____

C. Read the following excerpt from your textbook and answer the questions that follow.

‖ *UNICEF...tiene siete oficinas regionales en diversas naciones y un Centro de Investigaciones en Italia.* ‖

1. Where does UNICEF have seven regional offices?

_____

2. Where is there a Center of Investigation for UNICEF?

_____

D. Look again at the bulleted list in your textbook and list five things in the spaces below that the convention said that all children need.

1. _____
2. _____
3. _____
4. _____
5. _____

Presentación escrita (p. 117)

Task: Pretend you have a pen pal from Mexico who is coming to visit your school next semester. Write your pen pal a note describing your Spanish classroom.

❶ Prewrite.

A. On a separate sheet of paper draw a sketch of your Spanish classroom. You will use this as a reference when writing your note. Try to include four or five different items.

B. Label the items in your sketch using words from your vocabulary.

❷ Draft.

A. Read the sample note written by another student. Use this to guide your own writing.

> *En mi sala de clases hay cinco ventanas. Mi pupitre está al lado del escritorio del profesor. La puerta está detrás de mi pupitre. Hay una bandera encima de la mesa de computadoras.*

B. Look at the sample note again and list, in the spaces below, all of the classroom objects mentioned.

_____ _____ _____

_____ _____ _____

C. Compare the list of words in **part B** with the words you labeled in your sketch. This will help you get an idea of how similar your draft will be to the model. Create three sentences below filling in what items are in your classroom and where they are located.

1. Hay _____ .

2. _____ está _____ .

3. _____ está _____ .

❸ Revise. Read through your draft to see if it makes sense to you. Share your work with a partner who should check the following:

_____ Are the sentences easy to understand?

_____ Did you leave out anything from your drawing?

_____ Are there any spelling or grammar errors?

_____ If there are any problems with your draft, make a revised draft.

Write the Spanish vocabulary word below each picture. If there is a word or phrase, copy it in the space provided. Be sure to include the article for each noun.

_____

_____

_____

_____

_____

_____

_____

_____

_____

_____

_____

_____

_____

la
manzana

_____

_____

la
ensalada

_____

_____

en el
almuerzo

_____ _____

_____

la
naranja

_____

_____

las
fresas

_____

_____

en el
desayuno

_____

_____

el pan
tostado

_____ _____

_____

el
desayuno

_____

_____

la
comida

_____

_____

beber _____	**comer** _____	**compartir** _____
nunca _____	**siempre** _____	**todos los días** _____ _____ _____
por supuesto _____ _____	**¡Qué asco!** _____ _____	**¿Verdad?** _____ _____

comprender _____	**con** _____	**¿Cuál?** _____
más o menos _____ ___	**sin** _____	**Me encanta(n). . .** ___
Te encanta(n). . . ___ _____	**Me gusta(n). . .** _____	**Te gusta(n). . .** _____

Tear out this page. Write the English words on the lines. Fold the paper along the dotted line to see the correct answers so you can check your work.

en el desayuno _____

los huevos _____

el pan _____

el pan tostado _____

el plátano _____

la salchicha _____

el tocino _____

el yogur _____

en el almuerzo _____

la ensalada de frutas _____

las fresas _____

la galleta _____

la hamburguesa _____

el jamón _____

las papas fritas _____

el perrito caliente _____

la pizza _____

Fold In ←

Tear out this page. Write the Spanish words on the lines. Fold the paper along the dotted line to see the correct answers so you can check your work.

for breakfast _____

eggs _____

bread _____

toast _____

banana _____

sausage _____

bacon _____

yogurt _____

for lunch _____

fruit salad _____

_____

strawberries _____

cookie _____

hamburger _____

ham _____

French fries _____

hot dog _____

pizza _____

Fold In

Tear out this page. Write the English words on the lines. Fold the paper along the dotted line to see the correct answers so you can check your work.

el sándwich de
jamón y queso   _____
_____

la sopa de
verduras   _____

el agua   _____

el café   _____

el jugo de manzana   _____

el jugo de naranja   _____

la leche   _____

la limonada   _____

el refresco   _____

el té helado   _____

beber   _____

comer   _____

la comida   _____

compartir   _____

nunca   _____

siempre   _____

todos los días   _____

Fold In

Tear out this page. Write the Spanish words on the lines. Fold the paper along the dotted line to see the correct answers so you can check your work.

ham and cheese sandwich _____

vegetable soup _____

water _____

coffee _____

apple juice _____

orange juice _____

milk _____

lemonade _____

soft drink _____

iced tea _____

to drink _____

to eat _____

food, meal _____

to share _____

never _____

always _____

every day _____

Fold In

Capítulo 3A

Present tense of -*er* and -*ir* verbs (p. 132)

- Like the -**ar** verbs you learned previously, regular -**er** and -**ir** verbs follow a similar pattern in the present tense.

- For -**er** and -**ir** verbs, drop the -**er** or -**ir** from the infinitive (**comer, escribir**, etc.) and add the appropriate endings. The endings are the same for -**er** and -**ir** verbs except for in the **nosotros** and **vosotros** forms.

Present tense of -*er* verbs: *comer*	
yo: add -**o**: **como**	nosotros/nosotras: add -**emos**: **comemos**
tú: add -**es**: **comes**	vosotros/vosotras: add -**éis**: **coméis**
usted/él/ella: add -**e**: **come**	ustedes/ellos/ellas: add -**en**: **comen**

Present tense of -*ir* verbs: *escribir*	
yo: add -**o**: **escribo**	nosotros/nosotras: add -**imos**: **escribimos**
tú: add -**es**: **escribes**	vosotros/vosotras: add -**ís**: **escribís**
usted/él/ella: add -**e**: **escribe**	ustedes/ellos/ellas: add -**en**: **escriben**

A. Circle the ending in each verb form below.

1. escribimos
2. comparten
3. bebes
4. corre
5. ven

6. leo
7. escribes
8. comprendemos
9. comparto
10. ve

B. Now, look at the list of verbs in **part A**. Circle the correct subject pronoun for each verb.

1. (**ustedes / nosotros**) escribimos
2. (**ustedes / ella**) comparten
3. (**nosotros / tú**) bebes
4. (**yo / ella**) corre
5. (**ellos / nosotros**) ven

6. (**yo / él**) leo
7. (**usted / tú**) escribes
8. (**nosotras / ellos**) comprendemos
9. (**usted / yo**) comparto
10. (**usted / ustedes**) ve

Present tense of -*er* and -*ir* verbs (*continued*)

C. Complete each sentence by writing the correct -**er** verb ending for each word.

1. Yo beb_____ agua.

2. Nosotras corr_____.

3. Ella comprend_____ todo.

4. Tú le_____ una revista.

5. Ustedes com_____.

6. Nosotros le_____ unos libros.

D. Now, complete each sentence by writing the correct -**ir** verb ending.

1. Tú escrib_____ una carta.

2. Él compart_____ la comida.

3. Ellas escrib_____ cuentos.

4. Nosotros escrib_____ poemas.

5. Yo compart_____.

6. Nosotras compart_____.

E. Complete each sentence with the correct verb form of the infinitive in parentheses. Follow the models.

Modelo   Tú (escribir) _____*escribes*_____.

Ella (comer)_____*come*_____ .

1. Yo (leer) _____.

2. Ella (escribir) _____.

3. Nosotros (ver) _____.

4. Tú (compartir) _____.

5. Nosotros (escribir) _____.

6. Ellos (beber) _____.

7. Usted (compartir) _____.

8. Ellas (leer) _____.

F. Now, write complete sentences using the words provided. Follow the model.

Modelo   tú / ver / la / tele

Tú ves la tele.

1. yo / leer / una / revista

_____.

2. tú / compartir / el / cuarto

_____.

3. ellos / beber / té / helado

_____.

4. nosotros / comer / papas fritas

_____.

5. ella / escribir / una / carta

_____.

6. nosotros / compartir / la / comida

_____.

7. usted / correr / 10 kilómetros

_____.

8. ustedes / escribir / cuentos

_____.

Capítulo 3A Fecha _____ **Guided Practice Activities 3A-3**

Me gustan, me encantan (p. 135)

- To say you like one thing, use **me gusta** (*I like*) or **me encanta** (*I love*).
- To say you like more than one thing, use **me gustan** or **me encantan**.
- Put **no** in front of **me gusta** or **me gustan** to say you don't like one or more things:
  No me gusta el café. No me gustan los huevos.

One thing (singular)	More than one thing (plural)
Me **gusta la leche.**	Me **gustan las manzanas.**
Me **encanta el té.**	Me **encantan los jugos.**

A. Look at each noun. Write **S** if the noun is singular. Write **P** if it is plural.

1. _____ el cereal
2. _____ el tocino
3. _____ los huevos
4. _____ las manzanas
5. _____ las salchichas
6. _____ las papas
7. _____ el pan
8. _____ la pizza

B. Now, look at sentences using the same nouns from **part A**. Complete the verbs by writing **a** for the singular nouns and **an** for the plural nouns. Follow the models.

Modelos   Me encant *a*___ el café.

Me encant*an*___ las fresas.

1. Me gust_____ el cereal.
2. Me gust_____ el tocino.
3. Me encant_____ los huevos.
4. Me gust_____ las manzanas.
5. Me encant_____ las salchichas.
6. Me gust_____ las papas.
7. Me encant_____ el pan.
8. Me gust_____ la pizza.

C. Complete the following exchanges by circling the correct word in parenthesis.

1. ELENA: ¿Te (**gusta** / **gustan**) el helado?

   ENRIQUE: ¡Sí! Me (**encanta** / **encantan**) el helado.

2. BERTA: No me (**gusta** / **gustan**) las fresas.

   ANA: ¿No? ¡Me (**encanta** / **encantan**) las fresas!

3. JOSÉ: Me (**encanta** / **encantan**) la pizza.

   LUIS: ¿Sí? A mí no. ¡Pero me (**encanta** / **encantan**) las hamburguesas!

Me gustan, me encantan (continued)

D. Complete the following sentences by writing **encanta** or **encantan**.

1. Me _____ el queso.
2. Me _____ los plátanos.
3. Me _____ los jugos.

4. Me _____ el pan.
5. Me _____ el yogur.
6. Me _____ las galletas.

E. Complete the following sentences by writing **gusta** or **gustan**.

1. ¿Te _____ las sopas?
2. No me _____ el queso.
3. No me _____ la leche.

4. No me _____ el tocino.
5. ¿Te _____ las naranjas?
6. ¿Te _____ las papas fritas?

F. Choose words from the list to complete each sentence about what you like or don't like.

el cereal	el desayuno	los huevos	las salchichas	el yogur
las hamburguesas	el jamón	el queso	el café	el té
los perritos calientes	la sopa de verduras	la pizza	las galletas	el jamón

1. Me gusta _____.
2. No me gusta _____.
3. Me gustan _____.

4. No me gustan _____.
5. ¡Me encanta _____!
6. ¡Me encantan _____!

G. Look at each drawing. Then write a sentence to say whether you like it or not. Follow the models.

Modelos   *Me gustan los huevos* .   OR   *No me gustan los huevos* .

Me gusta la pizza .   OR   *No me gusta la pizza* .

1. _____

2. _____

3. _____

4. _____

Lectura: Frutas y verduras de las Américas (pp. 138–139)

A. As you can see by its title, the reading in your textbook is about fruits and vegetables. Think about some fruits and vegetables that you eat. Write the names (in English) of three fruits and three vegetables in the spaces below.

FRUITS   **VEGETABLES**

_____   _____

_____   _____

_____   _____

B. Below are some Spanish words from the reading, categorized by whether they are a fruit or a vegetable. Choose the English word from the bank that you think is the best meaning for each example and write it in the blank.

> potato   beans   corn   pineapple   avocado   papaya

Frutas: **Verduras:**

1. papaya _____   4. papa _____

2. piña _____   5. frijoles _____

3. aguacate _____   6. maíz _____

C. On the first page of the reading you see pictures of an avocado, a mango, and a papaya. Read the information below about each fruit and answer the questions that follow.

Aguacate:
- La pulpa es fuente de energía y proteínas.
- Tiene vitaminas A y B.

Mango:
- Es originalmente de Asia.
- Tiene calcio y vitaminas A y C.

Papaya:
- Contiene mucha agua.
- Tiene más vitamina C que la naranja.

1. Which fruits have vitamin A? _____

2. Which fruits have vitamin C? _____

3. Which fruit is not originally from the Americas? _____

D. Look at the recipe for a **Licuado de plátano** on the second page of the reading in your textbook. If the following statements are true, circle **C** for **cierto** (*true*); if they are false, circle **F** for **falso** (*false*).

1. C F The **licuado** is a hot beverage.
2. C F A **plátano** is a banana.
3. C F Milk is used in the recipe.
4. C F The blender is called a **licuadora**.
5. C F You should blend the ingredients for 2 minutes.

Presentación oral (p. 141)

Task: You and a partner will role-play a telephone conversation in Spanish between an American exchange student and a host student in Uruguay. You will each take one of the two roles and gather information about the other person.

A. You will role-play this conversation with a partner. Your role will be that of the host student. Here's how to prepare:

On a separate sheet of paper, make a list of two questions in Spanish that you might ask the exchange student. Find out:

    (a) what his or her favorite activities are
    (b) what he or she likes to eat and drink for breakfast (or lunch)

B. Revise your work.

1. Work with your partner to coordinate answers and to come up with a greeting and a farewell for your conversation. Here is a way to begin:

    HOST STUDENT: ¡Hola, Pablo! Soy Rosa.

    EXCHANGE STUDENT: ¡Hola, Rosa! ¿Cómo estás?

    HOST STUDENT: Bien, gracias.

2. Now, work on completing the conversation. Use filler words that you have learned and the information you have collected from **part A**. See below for a model.

    HOST STUDENT: Pues Pablo, ¿te gusta ir a la escuela?

    EXCHANGE STUDENT: Sí, me gusta mucho. Me gusta dibujar y escribir cuentos. ¿Y tú? ¿Qué te gusta hacer en la escuela?

    HOST STUDENT: A mí también me gusta ir a la escuela. Me gusta mucho correr y practicar deportes, pero no me gusta estudiar mucho. Me gusta más la hora de almuerzo. ¿Qué te gusta comer en el almuerzo?

    EXCHANGE STUDENT: Yo como un sándwich de jamón y queso o una hamburguesa. ¿Y tú?

    HOST STUDENT: A mí me encantan las ensaladas. No me gusta nada la carne. ¿Qué te gusta beber?

    EXCHANGE STUDENT: Yo bebo los refrescos todos los días. ¿Qué bebes tú?

    HOST STUDENT: A mí me gustan los jugos de frutas o bebo agua.

3. Finally, work on your ending. Look again at the **Para empezar** chapter in your textbook to get ideas for how to say good-bye. Below is a sample of how to end the conversation modeled above.

    EXCHANGE STUDENT: Bien, pues, ¡Hasta luego!

    HOST STUDENT: ¡Nos vemos!

C. You will be asked to present your conversation with your partner. The host student will go first. Listen to what your partner says and continue the conversation appropriately.

Capítulo 3B

Write the Spanish vocabulary word below each picture. If there is a word or phrase, copy it in the space provided. Be sure to include the article for each noun.

la carne

las grasas

_____

_____

_____

_____

_____

_____

_____

_____

_____

Nombre _____

Hora _____

Fecha _____

_____

_____

_____

_____

**levantar
pesas**

_____

_____

_____

**Tengo
hambre.**

_____

**hacer
ejercicio**

_____

_____

_____

caminar

**para
la salud**

_____

_____

**para
mantener
la salud**

_____ _____

_____ _____

Creo que...

_____

**Estoy
de acuerdo.**

_____

_____ _____

prefiero

_____

**Creo
que sí.**

_____

**No estoy
de acuerdo.**

_____

_____

deber

_____

**Creo
que no.**

_____

_____

**cada
día**

_____

_____

Capítulo 3B

¿Por qué?	**muchos, muchas**	**malo, mala**
_____	_____,	_____,
	_____	_____
porque	**todos, todas**	**sabroso, sabrosa**
	_____,	_____,
_____	_____	_____
algo	**horrible**	**prefieres**
_____	_____	_____

hago	**creer**	**ser**
_____	_____	_____
haces		
_____	_____	_____
___	___	___
_____	_____	_____

Capítulo 3B

Tear out this page. Write the English words on the lines. Fold the paper along the dotted line to see the correct answers so you can check your work.

la cena _____

el bistec _____

la carne _____

el pescado _____

el pollo _____

la cebolla _____

los guisantes _____

las judías verdes _____

la lechuga _____

las papas _____

los tomates _____

las uvas _____

las zanahorias _____

el arroz _____

los cereales _____

los espaguetis _____

las grasas _____

la mantequilla _____

el helado _____

Fold In →

Tear out this page. Write the Spanish words on the lines. Fold the paper along the dotted line to see the correct answers so you can check your work.

dinner _____

beefsteak _____

meat _____

fish _____

chicken _____

onion _____

peas _____

green beans _____

lettuce _____

potatoes _____

tomatoes _____

grapes _____

carrots _____

rice _____

grains _____

spaghetti _____

fats _____

butter _____

ice cream _____

Fold In

Tear out this page. Write the English words on the lines. Fold the paper along the dotted line to see the correct answers so you can check your work.

los pasteles   _____

las bebidas   _____

caminar   _____

hacer ejercicio   _____

levantar pesas   _____

para mantener   _____
la salud   _____

algo   _____

muchos,   _____
muchas

malo, mala   _____

sabroso,   _____
sabrosa   _____

todos,   _____
todas

Fold In

Tear out this page. Write the Spanish words on the lines. Fold the paper along the dotted line to see the correct answers so you can check your work.

pastries _____

beverages _____

to walk _____

to exercise _____

to lift weights _____

to maintain
one's health _____
_____

something _____

many _____
_____

bad _____

tasty,
flavorful _____
_____

all _____

Fold In ←

Capítulo 3B Fecha _____

The plurals of adjectives (p. 156)

- Adjectives, just like definite articles, must match the noun they accompany. Singular adjectives go with singular nouns, and plural adjectives go with plural nouns.

- Adjectives that end in **-o** or **-a** must also match the noun. Masculine (**-o**) adjectives go with masculine nouns and feminine (**-a**) adjectives go with feminine nouns.

- Adjectives that end in **-e** do not change to match masculine or feminine nouns. They still change to match singular and plural nouns: **el libro interesante, las clases interesantes**.

	Definite article	Noun	Adjective
masculine singular	el	pan	sabroso
feminine singular	la	sopa	sabrosa
masculine plural	los	jamones	sabrosos
feminine plural	las	galletas	sabrosas

A. Look at each noun. Write **M** if it is masculine or **F** if it is feminine.

1. _____ pan

2. _____ sopas

3. _____ yogur

4. _____ salchichas

5. _____ pizza

6. _____ jamón

7. _____ huevos

8. _____ quesos

9. _____ galletas

10. _____ hamburguesa

B. Now, go back to **part A**. Next to the **M** or **F** you wrote next to each noun, write **S** if the noun is singular and **P** if it is plural.

C. Here are the nouns from **part A**. Now there are adjectives with them. Circle the correct adjective form for each noun.

1. pan (**sabroso / sabrosos**)

2. sopas (**sabrosos / sabrosas**)

3. yogur (**sabrosos / sabroso**)

4. salchichas (**sabrosas / sabrosa**)

5. pizza (**sabrosos / sabrosa**)

6. jamón (**sabroso / sabrosa**)

7. huevos (**sabrosa / sabrosos**)

8. quesos (**sabrosos / sabrosas**)

9. galletas (**sabrosa / sabrosas**)

10. hamburguesas (**sabrosos / sabrosas**)

Capítulo 3B

The plurals of adjectives (*continued*)

D. Fill in the missing singular or plural form of each masculine adjective in the chart.

Masculine	
singular	**plural**
divertido	
simpático	
	atrevidos
	serios
artístico	

E. Now, fill in the missing singular or plural form of each feminine adjective in the chart.

Feminine	
singular	**plural**
	divertidas
simpática	
	atrevidas
seria	
	artísticas

F. Choose an adjective from the group of words. Write its correct form in the space provided.

serio	seria	serios	serias
atrevido	atrevida	atrevidos	atrevidas
artístico	artística	artísticos	artísticas

1. Laura y Elena estudian mucho. Son _____.

2. Sandra monta en monopatín. Es _____.

3. Mario dibuja. Es _____.

4. Tomás y Beatriz trabajan mucho. Son _____.

5. Lorenzo y Fernando esquían. Son _____.

The verb *ser* (p. 158)

- You have already learned and used some forms of the verb **ser**, which means *to be*:
  Yo soy serio. Tú eres simpática. Ella es artística.
- **Ser** is an irregular verb. You will need to memorize its forms.

yo	soy	nosotros/nosotras	somos
tú	eres	vosotros/vosotras	sois
usted/él/ella	es	ustedes/ellos/ellas	son

A. Choose the correct subject pronoun for each form of **ser** and circle it.

1. (**yo / él**) es
2. (**ustedes / ella**) son
3. (**tú / ella**) eres
4. (**ella / yo**) es
5. (**usted / tú**) es
6. (**nosotros / ellas**) son
7. (**ellos / nosotros**) somos
8. (**yo / él**) soy

B. Now, write the correct form of **ser** next to each subject pronoun.

1. tú ___
2. usted ___
3. ellos ___
4. él ___
5. ellas ___
6. nosotras ___
7. yo ___
8. ustedes ___

C. Complete the exchanges by writing in the correct form of **ser**.

1. VERA: Yo ___ estudiante. ¿Y tú?
   GONZALO: Yo ___ estudiante también.

2. PABLO: Tú ___ muy deportista, ¿no?
   ENRIQUE: Sí, pero yo también ___ muy estudioso.

3. INÉS: Susana y Olivia ___ muy divertidas.
   MARCOS: Sí. Olivia ___ muy simpática también.

4. PACO Y LUIS: Nosotros ___ perezosos. No estudiamos mucho.
   ANA: Bueno, yo ___ muy trabajadora. Me gusta estudiar.

Capítulo 3B

The verb *ser* (continued)

D. Look at each drawing. Complete the question with a form of **ser**. Follow the model.

Modelo

¿Cómo _____*es*_____ él?

1. ¿Cómo _____ él?

2. ¿Cómo _____ tú?

3. ¿Cómo _____ ellas?

4. ¿Cómo _____ nosotras?

5. ¿Cómo _____ yo?

E. Now, complete each sentence with the correct form of **ser** and the correct adjective ending. Refer back to the art in **part D**. Follow the model.

Modelo   Él _____*es*_____ simpátic**o**____.

1. Él _____ artístic_____.

2. Tú _____ perezos_____.

3. Ellas _____ estudios_____.

4. Nosotras _____ inteligente_____.

5. Yo _____ atrevid_____.

Capítulo 3B

Lectura: La comida de los atletas (pp. 162–163)

> Skimming is a useful technique to help you get through a reading.
> You think of general information that you are looking for. Then you
> quickly read the words to find it.

A. List three things you would expect to find in an article about an athlete's eating habits.

1. _____

2. _____

3. _____

B. Skim the article and check off the things in your list from **part A** that you find.

C. Note that the pie chart in your textbook shows how much of an athlete's diet can be divided into three categories. Next to each category below, write the English translation of the word. Then fill in the percentage number according to the pie chart.

	English	Number
1. carbohidratos	_____	_____ %
2. proteínas	_____	_____ %
3. grasas	_____	_____ %

D. The reading in your textbook gives a picture and a short description of what foods are good for each big meal of the day. Next to each food given below circle whether the reading says it is best for **D (desayuno)**, **A (almuerzo)**, or **C (cena)**.

1. **D A C**   pan con mantequilla

2. **D A C**   pasta

3. **D A C**   yogur

4. **D A C**   papas

5. **D A C**   jalea

E. Read the selection below and answer the questions that follow.

> *La noche antes del partido, el jugador bebe un litro de jugo de naranja,*
> *y durante el partido bebe hasta dos litros de agua y bebidas deportivas.*

1. Circle the three kinds of drinks mentioned in the reading.

2. What is a *litro* in English? _____

3. When does the player drink a *litro* of orange juice? _____

Presentación escrita (p. 165)

Task: You will make a poster in Spanish with three suggestions for better health. You will need to research what are proven good eating and exercise habits.

❶ Prewrite. Talk to classmates, teachers, the school nurse, or your parents about good eating and exercise habits, especially for teens. Then list their ideas under the following headings to help you organize your information:

- Debes comer _____.

- No debes comer mucho(a) _____.

- Debes beber _____.

- No debes beber mucho(a) _____.

- Debes _____ para mantener la salud.

❷ Draft. Create your first draft on a separate sheet of paper. (You do not need to use posterboard for this draft.) List your ideas from the prewrite stage. Organize them in a neat or artistic way. Sketch out the visuals you want to include on the poster.

❸ Revise.

A. Someone else will check your work for the following:

_____ Have you communicated the three suggestions well?

_____ Do the visuals help with the meaning?

_____ Will the visuals make the poster attractive?

_____ Are all words spelled correctly?

_____ Are grammar and vocabulary used correctly?

B. Rewrite your poster using the person's suggestions.

❹ Publish. Your final draft will be on some sort of posterboard. You will want to carefully add any illustrations and designs you had sketched out in an earlier stage.

❺ Evaluate. Your teacher will tell you how your poster will be graded. Your teacher will check:

- your completion of the task
- the accuracy of your vocabulary and grammar
- your effective use of visuals

Write the Spanish vocabulary word below each picture. If there is a word or phrase, copy it in the space provided. Be sure to include the article for each noun.

_____
_____

_____
_____

la mezquita

_____

_____
_____

_____
_____

la sinagoga

_____

_____
_____

_____
_____

el templo

_____

**la
casa**

_____

_____

**Me quedo
en casa.**

_____ _____

_____

¿Adónde?

_____

**en
casa**

_____

_____

a

_____

**a
casa**

_____

_____

**el
restaurante**

_____

_____

**a la,
al**

_____,

_____

**¿Con
quién?**

_____

_____

con mis
amigos

_____ _____

_____

¿Cuándo?

_____

los fines
de semana

_____ _____

_____

con mis/tus
amigos

_____ _____

_____

después

_____

los lunes,
los martes...

_____

_____

solo,
sola

_____,

_____

después
de

_____

tiempo
libre

_____

de

_____

¡No me digas!

_____ _____

_____

_____

_____

¿De dónde eres?

_____ _____

_____

para

_____

_____

_____

_____

generalmente

_____

_____

_____

_____

_____

_____

_____

_____

_____

_____

_____

_____

_____

_____

_____

_____

_____

_____

_____

_____

_____

_____

_____

Tear out this page. Write the English words on the lines. Fold the paper along the dotted line to see the correct answers so you can check your work.

ir de compras   _____

ver una
película   _____

la lección de
piano   _____

la biblioteca   _____

el café   _____

el campo   _____

en casa   _____

el centro
comercial   _____

el cine   _____

el gimnasio   _____

la iglesia   _____

la mezquita   _____

las montañas   _____

el parque   _____

la piscina   _____

la playa   _____

el restaurante   _____

Fold In

Capítulo 4A

Tear out this page. Write the Spanish words on the lines. Fold the paper along the dotted line to see the correct answers so you can check your work.

to go shopping _____

to see a movie _____

_____

piano lesson _____
(class)
_____

library _____

café _____

countryside _____

at home _____

mall _____

_____

movie theater _____

gym _____

church _____

mosque _____

mountains _____

park _____

swimming pool _____

beach _____

restaurant _____

Fold In

Capítulo 4A

Fecha _____ **Vocabulary Check, Sheet 3**

Tear out this page. Write the English words on the lines. Fold the paper along the dotted line to see the correct answers so you can check your work.

la sinagoga _____

el templo _____

_____

el trabajo _____

solo, sola _____

¿Cuándo? _____

después _____

después (de) _____

los fines de semana _____

los lunes, los martes... _____

_____

tiempo libre _____

Fold In

Tear out this page. Write the Spanish words on the lines. Fold the paper along the dotted line to see the correct answers so you can check your work.

synagogue   _____

temple,   _____
Protestant church

work, job   _____

alone   _____

When?   _____

afterwards   _____

after   _____

on weekends   _____

                                 _____

on Mondays,   _____
on Tuesdays . . .
                                 _____

free time   _____

Fold In ←

Capítulo 4A

The verb *ir* (p. 180)

- The verb **ir** means "to go." It is irregular. Here are its forms.

yo	**voy**	nosotros/nosotras	**vamos**
tú	**vas**	vosotros/vosotras	**vais**
usted/él/ella	**va**	ustedes/ellos/ellas	**van**

- **¡Vamos!** means "Let's go!"

A. Choose the correct subject pronoun for each form of **ir** and circle it.

1. (**tú** / **él**) va

2. (**yo** / **usted**) voy

3. (**ellas** / **nosotras**) vamos

4. (**usted** / **ustedes**) va

5. (**ustedes** / **él**) van

6. (**tú** / **yo**) vas

7. (**ellos** / **ella**) van

8. (**yo** / **ella**) va

B. Now, write the correct form of **ir** next to each subject pronoun.

1. ella _____

2. ustedes _____

3. yo _____

4. nosotros _____

5. tú _____

6. él _____

7. ellos _____

8. usted _____

C. Complete each sentence by writing in the correct form of **ir**.

1. Yo _____ al cine para ver una película.

2. Ellas _____ al parque para correr.

3. Nosotros _____ al gimnasio para levantar pesas.

4. Tú _____ al restaurante para comer.

5. Ella _____ a la piscina para nadar.

The verb *ir* (*continued*)

- When **ir** + **a** is followed by the definite article **el**, **a** + **el** combines to form **al**:
  (**vamos a**) + (**el parque**) = **Vamos al parque.**

D. Complete each sentence by writing a form of **ir** + **al** or **a la**. Remember to use **al** when the noun after the write-on line is masculine. Use **a la** when the noun is feminine. Follow the models.

Modelos Ellos _____*van al*_____ parque.

Ellos _____*van a la*_____ oficina.

1. Silvia _____ casa.

2. Cristina y María _____ café.

3. Tú _____ playa.

4. Nosotros _____ parque.

5. Usted _____ campo.

6. Yo _____ piscina.

- To ask where someone is going, use **¿Adónde?** as in: **¿Adónde vas?**
- To answer, use forms of **ir** + **a** as in: **Voy a la oficina.**

E. Complete the following exchanges by finishing the second sentence with a form of **ir** and the place indicated. Follow the model.

Modelo
el cine

—¿Adónde vas?

—Yo _____*voy al cine*_____.

1.
el parque

—¿Adónde vamos?

—Nosotros _____.

2.
el gimnasio

—¿Adónde van?

—Ellas _____.

3.
la piscina

—¿Adónde va?

—Él _____.

4.
la iglesia

—¿Adónde voy?

—Tú _____.

126 *Guided Practice Activities* ━ 4A-2

Asking questions (p. 184)

- Interrogatives are words that you use to ask questions. Here are some Spanish interrogatives.

Categories	Interrogatives		
People	¿Quién?	¿Con quién?	
Location	¿Dónde?	¿Adónde?	¿De dónde?
Things or actions	¿Qué?	¿Cuál?	¿Cuántos? / ¿Cuántas?
Reason	¿Por qué?		
Time	¿Cuándo?		
Description (how)	¿Cómo?		

- You can change a statement into a question by raising your voice at the end:

  ¿Margarita va a la biblioteca? In this case, you do not use an interrogative.

- These kinds of questions expect the answer will be *yes* or *no*. You can add **¿verdad?** (*right?*) to the end to emphasize this: **Margarita va a la biblioteca, ¿verdad?**

A. Each drawing or group of drawings represents a question category in the chart above. Write the interrogatives that go with each group. Follow the model.

Modelo

`8:52` ¿ _____Cuándo_____ ?

1.

_____

_____

2.

_____

_____

3.

_____

_____

Asking questions (*continued*)

- In Spanish questions with interrogatives, the verb comes before the subject:
  ¿Adónde va Margarita?

B. Look at the following groups of exchanges. Write in the correct interrogative to complete each exchange. Use the interrogatives listed for each group.

Location: ¿Dónde? ¿Adónde?

1. —¿_____ van Natalia y Roberto?

   —Van a la biblioteca para estudiar.

2. —¿_____ levantas pesas?

   — Levanto pesas en el gimnasio.

People: ¿Quién? ¿Con quién?

3. —¿_____ hablas mucho por teléfono?

   —Hablo mucho con mi amiga Tina. Ella es muy divertida.

4. —¿_____ es su profesor de español?

   — Es la señora Oliveros. Es muy inteligente.

Things: ¿Qué? ¿Cuántos?

5. —¿_____ libros hay en la biblioteca?

   —¡Hay muchos!

6. —¿_____ comes para el desayuno?

   —Como pan tostado y tocino.

Reason and Description: ¿Por qué? ¿Cómo?

7. —¿_____ estudias tanto?

   — Soy muy trabajadora y me gusta leer.

8. —¿_____ es la clase de matemáticas?

   — Es interesante, pero difícil.

Asking questions (*continued*)

C. Look at each group of phrases. Put them in order to form a question by numbering each group 1, 2, or 3. Then write them in order on the write-on line below. Follow the model. You can also look at the questions in **part B** for examples.

Modelo	Paulina / adónde / va
	3 1 2

¿ _____*Adónde va Paulina*_____ ?

1. es / el profesor de español / quién

_____

2. sillas / hay / cuántas

_____

3. Luisa / adónde / va

_____

4. cómo / ella / es

_____

5. corren / dónde / ellos

_____

6. con quién / habla / Margarita

_____

Lectura: Al centro comercial (pp. 188–189)

A. List four events that you think would take place at a special-event week in a shopping center near you.

1. _____   3. _____
2. _____   4. _____

B. According to the reading in your book, what are the dates for the event week at the Plaza del Sol? Write the answers in English below, next to the days of the week you are given.

Monday, _____   Friday, _____

Tuesday, _____   Saturday, _____

Wednesday, _____   Sunday, _____

Thursday, _____

C. Look at the word bank below. Choose which expression in English best matches with the words you are given and write it in the spaces provided.

Andean music	**Yoga class**	**Evening of jazz**
Evening of tango	**Photography show**	**Yoga performance**

1. Música andina   _____
2. Clase de yoga   _____
3. Noche de jazz   _____
4. Exposición de fotografía _____
5. Exhibición de yoga   _____
6. Noche de tango   _____

D. Read the description of Andean music and answer the questions that follow.

‖ *El grupo Sol Andino toca música andina fusionada con bossa nova y jazz el lunes a las 8.00 P.M. Abierto al público.* ‖

1. Circle the name of the group in the paragraph above.

2. What does this group fuse with its brand of Andean music?

_____ and _____

3. Can the public attend this show? _____

Lectura: Al centro comercial (*continued*)

E. Read the description of the yoga class and answer the questions that follow.

> *La práctica de yoga es todos los martes desde las 7.00 hasta las 9.00 P.M. La instructora Lucía Gómez Paloma enseña los secretos de esta disciplina. Inscríbase al teléfono 224-24-16. Vacantes limitadas.*

1. How long does the yoga class last? _____

2. What does the sequence of numbers 224-24-16 stand for? _____

3. Can anyone attend this class? _____

   Why or why not? _____

F. After looking through the readings in your textbook, you know that four events are

> **Música andina   Clase de yoga   Sábado flamenco   Clase de repostería**

explained in detail. These events are listed below. You must choose which event goes with the descriptions you are given. Write the name of the event in the space provided.

1. _____ instructora Lucía Gómez Paloma

2. _____ guitarrista Ernesto Hermoza

3. _____ grupo Sol Andino

4. _____ la Repostería Ideal

5. _____ maestro Rudolfo Torres

6. _____ es el sábado a las 8.00 P.M.

Presentación oral (p. 191)

Task: You and a partner will play the roles of a new student and a student who has been at school for awhile. This student must find out about the new student.

A. You will need to prepare the role of the student who has been at the school for awhile. On a separate sheet of paper, make a list of four questions you have for the new student. Then, think of a greeting to introduce yourself.

First question: Find out where the new student is from.

Second question: Find out what activities the new student likes to do.

Third question: Find out on what days of the week the student likes to do things.

Fourth question: Find out with whom the new student does these activities.

B. You will need to practice your conversation.

1. First, work on the greeting. See below for a model.

    EXPERIENCED STUDENT: ¡Hola, amigo! Soy Ana María. ¿Cómo te llamas?
    NEW STUDENT: Me llamo Miguel Ángel.

2. Now, you will need to put together your questions and answers in a conversation. Use the following as a model:

    EXPERIENCED STUDENT: ¿De dónde eres, Miguel Ángel?
    NEW STUDENT: Soy de Barranquilla, Colombia.
    EXPERIENCED STUDENT: Bien. ¿Qué te gusta hacer en tu tiempo libre?
    NEW STUDENT: Me gusta ir al campo, nadar en el mar y caminar en las montañas.
    EXPERIENCED STUDENT: A mí también me gusta ir al campo. ¿Cuándo vas tú al campo?
    NEW STUDENT: Voy al campo los fines de semana. Me gusta caminar cuando estoy de vacaciones.
    EXPERIENCED STUDENT: ¿Y con quién vas al campo o a las montañas?
    NEW STUDENT: Voy con mi familia.

3. Now work on a closing. Use the following as a model:

    EXPERIENCED STUDENT: ¡Bueno, hasta luego Miguel Ángel!
    NEW STUDENT: ¡Nos vemos, Ana María!

C. You will need to present your conversation. Make sure you do the following in your presentation:

_____ provide and obtain all the necessary information

_____ have no breaks in the conversation

_____ speak clearly

Nombre _____ Hora _____

Capítulo 4B

Fecha _____ **Vocabulary Practice, Sheet 1**

Write the Spanish vocabulary word below each picture. If there is a word or phrase, copy it in the space provided. Be sure to include the article for each noun.

Guided Practice Activities — *Vocabulary Practice 4B* **133**

_____

_____

_____

_____

_____ ,

_____

_____

_____

_____ ,

_____

(yo) sé

_____ _____

_____

_____

_____

_____

(tú) sabes

_____

contento, contenta

_____ ,

_____

¿A qué hora?

_____ _____

_____

de la mañana

_____ _____

_____

enfermo, enferma

_____ ,

_____

a la una

_____ _____

_____

de la noche

_____ _____

_____

mal

_____

a las ocho

_____ _____

_____

de la tarde

_____ _____

_____

este fin de semana	conmigo	¡Ay! ¡Qué pena!
_____ _____ ____ _____	_____	_____ _____ _____
esta noche	contigo	¡Genial!
_____ _____	_____	_____
esta tarde	(yo) puedo	¡Qué buena idea!
_____ _____	_____	_____ _____

¡Oye!

_____

¿Te gustaría?

_____

_____

demasiado

_____

lo siento

_____

_____

me gustaría

_____

_____

entonces

_____

(yo) quiero

_____

_____

Tengo que...

_____

_____

un poco (de)

_____

_____ _____

(tú) puedes

_____
_____

(tú) quieres

_____
_____

ir a + *infinitive*

_____
_____

_____
_____

_____
_____

_____
_____

_____
_____

_____
_____

_____
_____

Tear out this page. Write the English words on the lines. Fold the paper along the dotted line to see the correct answers so you can check your work.

el baile   _____

el concierto   _____

la fiesta   _____

el partido   _____

ir de camping   _____

ir de pesca   _____

jugar al   _____
básquetbol   _____

jugar al béisbol   _____

jugar al fútbol   _____

jugar al fútbol   _____
americano

jugar al golf   _____

jugar al tenis   _____

jugar al   _____
vóleibol   _____

cansado,   _____
cansada

contento,   _____
contenta

Fold In

Nombre _____ Hora _____

Fecha _____ **Vocabulary Check, Sheet 2**

Tear out this page. Write the Spanish words on the lines. Fold the paper along the dotted line to see the correct answers so you can check your work.

dance _____

concert _____

party _____

game, match _____

to go camping _____

to go fishing _____

to play
basketball _____
_____

to play baseball _____

to play soccer _____

to play football _____
_____

to play golf _____

to play tennis _____

to play
volleyball _____

tired _____
_____

happy _____
_____

Fold In ←

Tear out this page. Write the English words on the lines. Fold the paper along the dotted line to see the correct answers so you can check your work.

enfermo,
enferma   _____

ocupado,
ocupada   _____

triste   _____

a la una   _____

de la mañana   _____

de la noche   _____
                           _____

de la tarde   _____

este fin de
semana   _____

esta noche   _____

esta tarde   _____

¡Ay! ¡Qué pena!   _____

¡Genial!   _____

lo siento   _____

¡Qué buena idea!   _____

Fold In

Tear out this page. Write the Spanish words on the lines. Fold the paper along
the dotted line to see the correct answers so you can check your work.

sick   _____

                             _____

busy   _____

                             _____

sad   _____

at one (o'clock)   _____

in the morning   _____

in the evening,
at night   _____

in the afternoon   _____

this weekend   _____

                             _____

this evening   _____

this afternoon   _____

Oh! What a shame!   _____

Great!   _____

I'm sorry   _____

What a good idea!   _____

Fold In

Ir + a + infinitive (p. 206)

- You have already learned to use the verb **ir** (*to go*). To review, here are its forms, which are irregular.

yo	**voy**	nosotros/nosotras	**vamos**
tú	**vas**	vosotros/vosotras	**vais**
usted/él/ella	**va**	ustedes/ellos/ellas	**van**

- As you have learned, the infinitive is the basic form of the verb (**hablar, comer, leer,** etc.). It is equivalent to "to . . ." in English: *to talk, to eat, to read.*

- When you use **ir + a** with an infinitive, it means you or others are *going to do something* in the future. It is the same as "I am going to . . ." in English: **Voy a leer el libro. Vamos a ver la película.**

A. Review by writing the correct form of **ir** next to each subject pronoun.

1. tú _____ 5. ella _____

2. ellos _____ 6. yo _____

3. él _____ 7. ustedes _____

4. usted _____ 8. nosotras _____

B. Now complete each sentence with the correct form of **ir**.

1. Marta y Rosa _____ a estudiar esta tarde.

2. Yo _____ a jugar al tenis esta tarde.

3. Tú _____ a montar en monopatín mañana.

4. Nosotras _____ a bailar mañana.

5. Ustedes _____ a correr esta tarde.

6. Serena _____ a ir de cámping mañana.

C. Complete the exchanges with the correct form of **ir**.

1. LAURA: ¿Qué _____ a hacer este fin de semana?

   CARLOS: Yo _____ a jugar al golf.

2. ANA: ¿Qué _____ a hacer ustedes mañana?

   TOMÁS: Nosotros _____ a trabajar.

3. ERNESTO: ¿Qué _____ a hacer Susana hoy?

   RICARDO: Ella y yo _____ a ir al cine.

Ir + *a* + infinitive *(continued)*

D. Write questions with **ir** + **a** + **hacer**. Follow the models.

Modelos (tú) / hacer hoy

¿Qué _____*vas a hacer hoy*_____?

(ellos) / hacer este fin de semana

¿Qué ___*van a hacer este fin de semana*___?

1. yo / hacer esta tarde

¿Qué _____?

2. nosotros / hacer mañana

¿Qué _____?

3. ustedes / hacer hoy

¿Qué _____?

4. tú / hacer este fin de semana

¿Qué _____?

5. ella / hacer esta mañana

¿Qué _____?

E. Write sentences to say what the people shown are going to do tomorrow. Follow the model.

Modelo   Roberto

*Roberto va a jugar al béisbol.*

1.   Ana

_____

2.   Juan y José

_____

3.   tú

_____

4.   yo

_____

Capítulo 4B   Fecha _____   **Guided Practice Activities 4B-3**

The verb *jugar* (p. 208)

- **Jugar** (*to play a sport or game*) uses the regular **-ar** present tense endings.
- However, **jugar** does not use the same stem in all its forms. **Jugar** is a *stem-changing verb*. In most forms, it uses **jueg-** + the **-ar** endings. But in the **nosotros/ nosotras, vosotros/vosotras** forms, it uses **jug-** + the **-ar** endings.
- Here are the forms of **jugar**:

yo	juego	nosotros/nosotras	jugamos
tú	juegas	vosotros/vosotras	jugáis
usted/él/ella	juega	ustedes/ellos/ellas	juegan

A. Circle the forms of **jugar** in each sentence. Underline the stem in each form of **jugar**.

1. Yo juego al tenis este fin de semana.

2. Ellos juegan al básquetbol esta noche.

3. Nosotros jugamos videojuegos mañana.

4. Ustedes juegan al golf este fin de semana.

5. Tú y yo jugamos al béisbol esta tarde.

6. Tú juegas al fútbol americano este fin de semana.

7. Ella juega al fútbol esta tarde.

8. Nosotras jugamos al vóleibol hoy.

B. Now, write the forms of **jugar** you circled in **part A**. Put them in the corresponding rows of the table. The first one has been done for you.

Subject pronoun	Form of *jugar*
1. yo	*juego*
2. ellos	
3. nosotros	
4. ustedes	
5. tú y yo	
6. tú	
7. ella	
8. nosotras	

The verb *jugar* (*continued*)

C. Write questions with **jugar**. Follow the model.

Modelo	usted

¿A qué juega?

1. tú

_____

2. nosotros

_____

3. yo

_____

4. ella

_____

5. tú y yo

_____

6. ustedes

_____

D. Now write sentences to say what people are playing. Follow the model.

Modelo		Eduardo

Eduardo juega al fútbol.

1. Rosa y Ana

_____

2. nosotros

_____

3. yo

_____

4. tú

_____

5. ustedes

_____

Nombre _____   Hora _____

Capítulo 4B Fecha _____

Guided Practice Activities **4B-5**

Lectura: Sergio y Paola: Dos deportistas dotados (pp. 212–213)

A. A list of personal information is given about each athlete in your textbook reading. Below are several of the categories for each piece of information. Write what you think is the English word for each category below.

1. Nombre _____
2. Fecha de nacimiento _____
3. Lugar de nacimiento _____
4. Su objetivo _____
5. Profesional _____

B. Look at the list of **aficiones** (*interests*) for each athlete below. Then, answer the questions that follow.

SERGIO: Real Madrid, tenis, fútbol, videojuegos

PAOLA: Nadar, practicar gimnasia, viajar, pasar tiempo con su familia

1. Do Sergio and Paola share any interests? _____
2. What interest does Sergio have that is not a sport? _____
3. What interests does Paola have that are not a sport? _____

C. Look at the following sentences from the reading. Circle **S** if they are about Sergio and **P** if they are about Paola.

1. **S   P**   Juega para el Club de Campo del Mediterráneo en Borriol.
2. **S   P**   Es la mejor clavadista de México.
3. **S   P**   Su padre Víctor es golfista profesional.
4. **S   P**   Practica su deporte desde la edad de tres años.
5. **S   P**   Quiere ser la clavadista número uno del mundo.
6. **S   P**   A la edad de 17 años gana su primer torneo de profesionales.

D. Now, answer the questions about the two athletes from the reading. Write in either **Paola, Sergio,** or **both** depending on the best answer.

1. Who was born in 1980? _____
2. Who is from Spain? _____
3. Who likes soccer? _____
4. Who also practices gymnastics? _____
5. Who won an Olympic medal? _____
6. Who wants to be the best athlete in their sport in the world? _____

Copyright © Savvas Learning Company LLC. All Rights Reserved.

Guided Practice Activities ▬ 4B-5   **147**

Presentación escrita (p. 215)

Task: Pretend you want to invite a friend to an upcoming special event on your calendar. You will need to write one invitation to that friend and anyone else you want to invite.

❶ Prewrite. Think about what event you want to attend. Fill in the information below about the event.

Name of event: _____

When (day and time): _____

Where: _____

Who is going: _____

❷ Draft. Use the information from **step 1** to write a first draft of your invitation on a separate sheet of paper. See below for a model.

> ¡Hola amigos!
> Quiero invitarlos a una noche de baile caribeño en la sala de reuniones de la iglesia. La fiesta va a ser de las siete de la tarde hasta las once de la noche, el viernes, el cinco de mayo.
> Quiero verlos a todos ustedes allí.
> Su amiga,
> Melisa

❸ Revise.

A. Read your note and check for the following:

_____ Is the spelling correct? (Consult a dictionary if you are not sure.)

_____ Did you use verbs correctly?

_____ Is all the necessary information included?

_____ Is there anything you should add or change?

B. Rewrite your invitation if there were any problems.

❹ Publish. Write a final copy of your invitation, making any necessary changes. Be sure to write or type neatly, as others will need to read your writing. You may also add a border decoration.

Write the Spanish vocabulary word below each picture. If there is a word or phrase, copy it in the space provided. Be sure to include the article for each noun.

Nombre _____   Hora _____

Capítulo 5A   Fecha _____   **Vocabulary Flash Cards, Sheet 2**

_____
_____

_____
_____

_____
_____

_____
_____

_____
_____

_____
_____

_____
_____

_____
_____

_____
_____

el cumpleaños   **el esposo**   **la esposa**

_____
_____

_____
_____

_____

_____

---

el hermanastro

_____

_____

la hermanastra

_____

_____

los hijos

_____

_____

---

el hijo

_____

_____

la hija

_____

_____

el padrastro

_____

_____

Nombre _____   Hora _____

Capítulo 5A   Fecha _____   **Vocabulary Flash Cards, Sheet 5**

la madrastra

¡Feliz cumpleaños!

celebrar

Guided Practice Activities — *Vocabulary Flash Cards 5A*   **153**

Copyright © Savvas Learning Company LLC. All Rights Reserved.

Capítulo 5A

el video _____ _____	**preparar** _____ _____	**sacar fotos** _____ _____
la foto _____ _____	**que** _____ _____	**sólo** _____ _____
mayor, mayores _____	**menor, menores** _____	**la persona** _____ _____

Tear out this page. Write the English words on the lines. Fold the paper along the dotted line to see the correct answers so you can check your work.

el abuelo   _____

la abuela   _____

el hermano   _____

la hermana   _____

el hijo   _____

la hija   _____

el padre (papá)   _____

la madre (mamá)   _____

el primo   _____

la prima   _____

el tío   _____

la tía   _____

la persona   _____

el gato   _____

el perro   _____

Fold In →

Tear out this page. Write the Spanish words on the lines. Fold the paper along the dotted line to see the correct answers so you can check your work.

grandfather _____

grandmother _____

brother _____

sister _____

son _____

daughter _____

father _____

mother _____

cousin (*male*) _____

cousin (*female*) _____

uncle _____

aunt _____

person _____

cat _____

dog _____

Fold In

Tear out this page. Write the English words on the lines. Fold the paper along the dotted line to see the correct answers so you can check your work.

abrir _____

celebrar _____

decorar _____

hacer un video _____

romper _____

sacar fotos _____

la cámara _____

¡Feliz cumpleaños! _____

_____

los dulces _____

la flor, *pl.* las flores _____

el globo _____

la luz, *pl.* las luces _____

el papel picado _____

_____

el pastel _____

el regalo _____

Fold In

Tear out this page. Write the Spanish words on the lines. Fold the paper along the dotted line to see the correct answers so you can check your work.

to open   _____

to celebrate   _____

to decorate   _____

to videotape   _____

to break   _____

to take pictures   _____

camera   _____

Happy birthday!   _____

                     _____

candy   _____

flower   _____

balloon   _____

light   _____

cut-paper   _____
decorations

cake   _____

gift, present   _____

Fold In ◄

The verb *tener* (p. 228)

- You have already learned some forms of the verb **tener** (*to have*): **tengo, tienes**.
- **Tener** is an irregular verb. Here are its forms.

yo	tengo	nosotros/nosotras	tenemos
tú	tienes	vosotros/vosotras	tenéis
usted/él/ella	tiene	ustedes/ellos/ellas	tienen

A. Write the correct form of **tener** next to each subject pronoun.

1. él _____
2. usted _____
3. ellos _____

4. nosotras _____
5. yo _____
6. tú _____

- **Tener** is used to show relationship or possession.
  Tengo dos hermanas.   *I have two sisters.*
  Tienes una bicicleta.   *You have a bicycle.*

- **Tener** is also used to express age, hunger, and thirst.
  Tengo catorce años.   *I am fourteen years old.*
  Tengo hambre.   *I am hungry.*
  Tengo sed.   *I am thirsty.*

B. Read each numbered sentence with **tener**. Then write the number of that sentence in the correct column in the chart, depending on whether **tener** is used to express possession, age, thirst/hunger, or relationship.

possession	age	thirst/hunger	relationship

1. ¿Cuántos años tiene tu tío?
2. Nosotras tenemos diez primos.
3. ¿Tiene sed tu padre?

4. Mi hermana tiene tres años.
5. Yo tengo un regalo para mi abuela.
6. Mis primos tienen mucha hambre.

C. Now look at the following sentences and write in the missing forms of **tener**.

1. Mi prima Ana _____ once años.

2. Yo _____ un regalo para mi tía.

3. Mis hermanos _____ mucha hambre.

4. Nosotros _____ tres gatos.

5. ¿Cuántos años _____ tu padre?

6. ¿ _____ sed tu hermano?

D. Look at the family tree. Write forms of **tener** to complete each sentence below it.

Capitán

León

Alfonso

Alicia

Ramón   Sara

Anita   Eduardo

(16 años)
Patricia

(10 años)
Luis

(19 años)
Mariluisa

(22 años)
Carmen

(12 años)
Roberto

(15 años)
Carlos

(9 años)
Margarita

1. Patricia _____ tres primos.

2. Alfonso y Alicia _____ siete nietos.

3. Carlos _____ un tío.

4. Mariluisa, tú _____ tres hermanos.

5. Roberto y Carlos _____ una hermana.

6. Nosotros _____ un perro y un gato.

E. Now, answer the following questions in complete sentences.

1. ¿Cuántos años tienes?

    Yo _____.

2. ¿Cuántos hermanos tienes?

    Yo _____.

3. ¿Tienes sed?

    Sí / No, _____.

4. ¿Tienes hambre?

    Sí / No, _____.

160 *Guided Practice Activities* — 5A-2

Possessive adjectives (p. 232)

- Possessive adjectives are used to indicate who owns what and to show relationships.
- In English, *my, your, his, her, our,* and *their* are possessive adjectives.

yo	**mi/mis**	nosotros nosotras	**nuestro/nuestros** **nuestra/nuestras**
tú	**tu/tus**	vosotros vosotras	**vuestro/vuestros** **vuestra/vuestras**
usted/él/ella	**su/sus**	ustedes/ellos/ellas	**su/sus**

- Spanish possessive adjectives, just like other adjectives, change their endings to reflect number. The **nosotros** and **nosotras** forms (**nuestro, nuestra, nuestros, nuestras**) also change to reflect gender.

mi herman**o** / **mis** herman**os**	BUT:
mi hija / **mis** hijas	nuestro tío / nuestros tíos
tu flor / **tus** flores	nuestra tía / nuestras tías

A. Look at each noun. Write **S** if the noun is singular and **P** if it is plural.

1. _____ primo   5. _____ pastel
2. _____ regalos   6. _____ tío
3. _____ hijas   7. _____ globos
4. _____ flor   8. _____ familias

B. Now, circle the correct possessive adjective for each of the nouns from **part A**.

1. (mi / mis) primo   5. (tu / tus) pastel
2. (su / sus) regalos   6. (mi / mis) tío
3. (tu / tus) hijas   7. (su / sus) globos
4. (mi / mis) flor   8. (tu / tus) familias

C. Write **mi** in front of each singular noun and **mis** in front of each plural noun.

1. _____ piñata
2. _____ hermanos
3. _____ regalos
4. _____ flores

Capítulo 5A

Fecha _____

Possessive adjectives *(continued)*

D. Look at each noun. Circle **S** if it is singular and **P** if it is plural. Circle **M** if it is masculine and **F** if it is feminine. Follow the model.

| **Modelo** | pasteles | (S /(P)) and ((M)/ F) |

1. decoraciones (S / P) and (M / F)
2. hijos (S / P) and (M / F)
3. gato (S / P) and (M / F)

4. flores (S / P) and (M / F)
5. luz (S / P) and (M / F)
6. globos (S / P) and (M / F)

E. Below are the nouns from **part D**. Write **nuestro, nuestra, nuestros,** or **nuestras** in front of each one. Follow the model.

Modelo _____nuestros_____ pasteles

1. _____ decoraciones
2. _____ hijos
3. _____ gato

4. _____ flores
5. _____ luz
6. _____ globos

F. Circle the correct word to complete each sentence.

1. Tenemos (**nuestros / nuestras**) decoraciones en el coche.

2. Voy a la fiesta con (**mi / mis**) abuelos.

3. Aquí tienes (**tu / tus**) regalo.

4. Alicia va a hacer una piñata con (**su / sus**) hermano.

5. (**Nuestro / Nuestra**) familia saca muchas fotos en las fiestas.

6. Ella va a la fiesta con (**su / sus**) perro.

G. Write the correct form of the possessive adjective indicated to complete each sentence. Follow the models.

Modelos nuestro: Ella es _____nuestra_____ tía.

mi: Roberto y Luis son _____mis_____ primos.

1. tu: Elena y Margarita son _____ hermanas.

2. mi: León es _____ perro.

3. nuestro: Ellos son _____ primos.

4. su: Adela es _____ abuela.

5. su: Adela y Hernando son _____ abuelos.

6. nuestro: Roberto es _____ hijo.

7. nuestro: Lidia y Susana son _____ tías.

Lectura: Mis padres te invitan a mi fiesta de quince años (pp. 238–239)

A. Part of the reading in your textbook is an invitation to a special birthday celebration. Before skimming the reading, write four pieces of information you would expect to find on an invitation to such a party.

1. _____
2. _____
3. _____
4. _____

> *Felipe Rivera López*
> *y Guadalupe Treviño Ibarra*
> *esperan el honor de su asistencia*
> *el sábado, 15 de mayo de 2004*
> *para celebrar los quince años de su hija*
> *María Teresa Rivera Treviño.*

B. Read through the text of the first part of the invitation (top right). Complete the following.

1. Circle the day of the week in the paragraph above.

2. Underline the date of the party.

3. What is the daughter's full name? _____

_____

> *Misa*
> *a las cuatro de la tarde*
> *Iglesia Nuestra Señora de Guadalupe*
> *2374 Avenida Linda Vista, San Diego, California*
> *Recepción y cena-baile a las seis de la tarde*
> *Restaurante Luna*
> *7373 Calle Florida, San Diego, California*

C. Now, read the second part of the invitation and answer the questions below.

1. Write the times that each of the following takes place:

   (a) the Mass _____   **(b)** the reception _____

2. What will people be doing at the reception? _____

3. At what kind of place will the reception be held? _____

D. Now look back at **part A**. Did you find all of the information you were looking for in the reading? Fill in the simple facts of the reception below.

For whom: _____

Time: _____

Date: _____

Location: _____

Presentación oral (p. 241)

Task: Pretend you are living with a host family in Chile. They want to know about your family back home. Show them photographs of two family members and talk about the people shown.

A. You will need to have brought in two family photos or "created" photos from an imaginary family by using pictures from a magazine. Use the chart below to organize what you want to say about each person. Follow the model and write similar information about your family members.

Nombre	Es mi...	Edad	Actividad favorita
Isabel	hermana menor	9 años	le gusta cantar

B. Since you will be presenting the information above orally, you will need to put everything into complete sentences. Read the model below to get you started. Be sure to practice speaking clearly when you read the model.

> Se llama Isabel. Ella es mi hermana menor. Tiene nueve años.
> A Isabel le gusta cantar. Es muy artística.

C. Fill in the spaces below with the information you gathered from **part A**. Make sure you provide all the information you listed about each person.

Person 1: Se llama _____. (**Él / Ella**) es mi _____.

Tiene _____ años. A _____ le gusta _____.

Es _____.

Person 2: Se llama _____. (**Él / Ella**) es mi _____.

Tiene _____ años. A _____ le gusta _____.

Es _____.

D. Practice your presentation with the photos.
   Remember to:

   _____ provide all the information on each family member.
   _____ use complete sentences.
   _____ speak clearly.

Write the Spanish vocabulary word below each picture. If there is a word or phrase, copy it in the space provided. Be sure to include the article for each noun.

_____

_____

_____

_____

_____

_____

_____

_____

_____

traer

el plato
principal

corto, corta

_____,
_____

guapo, guapa

_____,
_____

el joven

_____

la joven

_____

el pelo

_____

canoso

_____

castaño

_____

negro

_____

rubio

_____

**pelirrojo,
pelirroja**

_____ ,

_____

**delicioso,
deliciosa**

_____ ,

_____

desear

_____

pedir

_____

**rico,
rica**

_____ ,

_____

Me falta(n)...

_____

_____

Quisiera...

_____

ahora

_____

**¿Algo
más?**

_____

_____

De nada. _____ _____	**otro,** **otra** _____ , _____	**¿Me trae...?** _____ _____
Le traigo... _____ _____	**¡Qué...!** _____	**largo,** **larga** _____ _____
yo **traigo** _____ _____	**el joven** _____ _____ _____	**de postre** _____ _____

Nombre _____   Hora _____

Fecha _____

Tear out this page. Write the English words on the lines. Fold the paper along the dotted line to see the correct answers so you can check your work.

el hombre _____

la mujer _____

corto, corta _____

joven _____

largo, larga _____

viejo, vieja _____

el pelo _____

canoso _____

castaño _____

negro _____

rubio _____

pelirrojo, pelirroja _____

desear _____

pedir _____

el plato principal _____

Fold In

Tear out this page. Write the Spanish words on the lines. Fold the paper along the dotted line to see the correct answers so you can check your work.

man _____

woman _____

short (length) _____

young _____

long _____

old _____

hair _____

gray _____

brown (chestnut) _____

black _____

blond _____

red-haired _____

_____

to want _____

to order _____

main dish _____

_____

Fold In

Capítulo 5B

Tear out this page. Write the English words on the lines. Fold the paper along the dotted line to see the correct answers so you can check your work.

el postre _____

rico, rica _____

el azúcar _____

la cuchara _____

el cuchillo _____

la pimienta _____

el plato _____

la sal _____

la servilleta _____

la taza _____

el tenedor _____

el vaso _____

el camarero _____

la camarera _____

la cuenta _____

el menú _____

Fold In →

Capítulo 5B   Fecha _____   **Vocabulary Check, Sheet 4**

Tear out this page. Write the Spanish words on the lines. Fold the paper along the dotted line to see the correct answers so you can check your work.

dessert _____

rich, tasty _____

sugar _____

spoon _____

knife _____

pepper _____

plate, dish _____

salt _____

napkin _____

cup _____

fork _____

glass _____

waiter _____

waitress _____

bill _____

menu _____

Fold In

Capítulo 5B

The verb *venir* (p. 256)

- The forms of **venir** are similar to the forms of **tener** that you just learned. Notice that the **yo** forms of both verbs end in **-go**.

yo	vengo	nosotros/nosotras	venimos
tú	vienes	vosotros/vosotras	venís
usted/él/ella	viene	ustedes/ellos/ellas	vienen

A. Circle all the forms of **venir** you see in this conversation.

RAÚL: ¿Vienes a la fiesta?

ANA: Si, vengo a las ocho y media.

Mis padres vienen también.

RAÚL: Muy bien. Mis amigos no vienen, pero mi hermano sí viene.

ANA: ¿Cuándo vienen?

RAÚL: Venimos a las nueve.

B. Now, write the forms of **venir** that you circled in **part A** in the correct row of the table. Write only one form of **venir** for each subject pronoun. The first one has been done for you.

Subject pronoun	Form of *venir*
1. yo	
2. tú	*Vienes*
3. usted/él/ella	
4. nosotros	
5. ustedes/ellos/ellas	

C. Complete the following conversation by circling the correct forms of **venir**.

ISABEL: ¿(**Vienes / Vienen**) ustedes a la fiesta?

MÍA: Sí, Marcos y yo (**vienen / venimos**). Pero Luis no (**vienes / viene**).

ISABEL: ¿Por qué no (**viene / vengo**) Luis?

MÍA: Tiene que trabajar. ¿(**Venimos / Vienes**) tú?

ISABEL: Sí. (**Vengo / Vienen**) a las ocho.

MÍA: ¡Qué bien! Nosotros (**venimos / vienes**) a las ocho también.

- **Venir** is used to say that someone is coming to a place or an event.

D. Write forms of **venir** to say when people are coming to the party.

1. Nosotras _____ a las ocho y cuarto.

2. Tú _____ a las nueve menos cuarto.

3. Elena y Olga _____ a las nueve y media.

4. Yo _____ a las ocho.

5. Marcos _____ a las diez y cuarto.

6. Usted _____ a las diez menos cuarto.

7. Ustedes _____ a las diez.

E. This agenda shows when people have appointments. Complete each sentence to say when each person is coming. Follow the model.

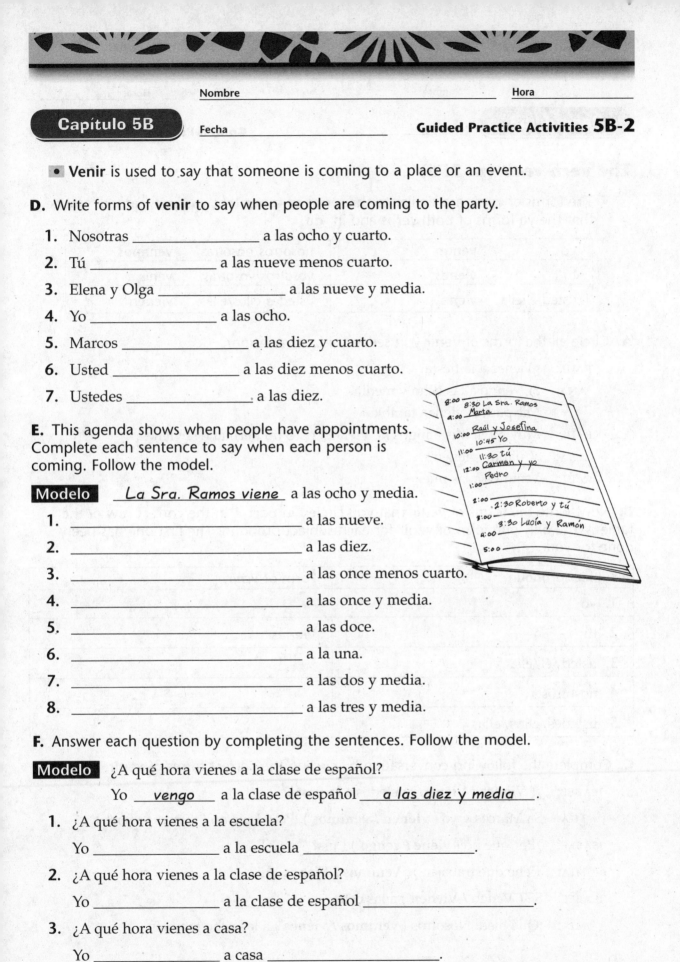

| Modelo | *La Sra. Ramos viene* a las ocho y media. |

1. _____ a las nueve.

2. _____ a las diez.

3. _____ a las once menos cuarto.

4. _____ a las once y media.

5. _____ a las doce.

6. _____ a la una.

7. _____ a las dos y media.

8. _____ a las tres y media.

F. Answer each question by completing the sentences. Follow the model.

| Modelo | ¿A qué hora vienes a la clase de español? |

        Yo _*vengo*_ a la clase de español _*a las diez y media*_ .

1. ¿A qué hora vienes a la escuela?

    Yo _____ a la escuela _____.

2. ¿A qué hora vienes a la clase de español?

    Yo _____ a la clase de español _____.

3. ¿A qué hora vienes a casa?

    Yo _____ a casa _____.

176 *Guided Practice Activities* — 5B-2

The verbs *ser* and *estar* (p. 258)

- There are two Spanish verbs that mean "to be": **ser** and **estar**.
- Review their forms in the present tense.

ser			
yo	**soy**	nosotros/nosotras	**somos**
tú	**eres**	vosotros/vosotras	**sois**
usted/él/ella	**es**	ustedes/ellos/ellas	**son**

estar			
yo	**estoy**	nosotros/nosotras	**estamos**
tú	**estás**	vosotros/vosotras	**estáis**
usted/él/ella	**está**	ustedes/ellos/ellas	**están**

A. Circle the form of **ser** or **estar** that is used in each sentence.

1. Mi madre es profesora.
2. Ellas son de México.
3. Las decoraciones están en mi casa.
4. Nosotras somos artísticas.

5. Yo estoy enferma.
6. Los libros están en la mesa.
7. Tú estás en la oficina.
8. Yo soy la prima de Ana.

B. Look at the forms of **ser** and **estar** that you circled in **part A**. Decide why **ser** or **estar** was used in each. Write the reason using the chart in the explanation on page 258 in your textbook to find the reason why **ser** or **estar** was used in each sentence. Write each reason in the right-hand side of the chart. The first one has been done for you.

Forms of *ser* and *estar*	Reason
1. *es*	*who a person is*
2.	
3.	
4.	
5.	
6.	
7.	
8.	

Capítulo 5B Fecha _____ **Guided Practice Activities 5B-4**

The verbs *ser* and *estar (continued)*

C. Circle the correct form of the verb **ser** in each sentence.

1. Mis padres (**son / somos**) profesores.

2. Yo (**soy / eres**) muy atrevida.

3. La comida (**es / eres**) de un restaurante.

D. Circle the correct form of the verb **estar** in each sentence.

1. Tú (**estoy / estás**) muy cansado hoy.

2. La computadora (**está / estamos**) en la oficina.

3. Nosotros (**estamos / están**) muy ocupados.

E. Circle the correct form of **ser** or **estar** in these sentences. Look back at the chart with the uses of **ser** and **estar** if you need help.

1. Mis abuelos (**son / están**) profesores de matemáticas.

2. Yo (**soy / estoy**) enfermo hoy.

3. Tú (**eres / estás**) en la clase de historia.

4. Tomás (**es / está**) de Argentina.

5. Ustedes (**son / están**) argentinos también.

6. Nosotras (**somos / estamos**) muy cansadas.

7. Los libros (**son / están**) muy interesantes.

8. Los libros (**son / están**) en la biblioteca.

F. Write the correct form of **ser** or **estar** to complete each sentence.

1. Tú _____ en la oficina.

2. Nosotras _____ muy ocupadas hoy.

3. Yo _____ estudiante.

4. Mi padre _____ profesor.

5. El video _____ interesante.

6. Los videos _____ en la biblioteca.

7. Nosotros _____ de Guatemala.

8. Tú _____ muy simpático.

Lectura: Una visita a Santa Fe (pp. 262–263)

A. The reading in your textbook is about the city of Santa Fe. What kinds of information would you expect to find in such a reading? List three ideas below.

1. _____
2. _____
3. _____

B. As you skim the reading you will come across some new cognates. Write the English word for each Spanish cognate listed below.

1. visita _____
2. historia _____
3. museo _____
4. típica _____
5. histórico _____
6. tradicional _____

C. Did you find some activities when you skimmed the reading? If not, look again to find three activities that the cousins are going to do during their visit to Santa Fe. Write the three activities in Spanish below.

1. _____
2. _____
3. _____

D. Now, read the paragraph below from your textbook and answer the questions in English that follow.

> *Durante los días de su visita, el Rancho va a celebrar "un fandango", un baile histórico y típico, con una cena tradicional. Toda la comida es riquísima, pero nuestro plato favorito es el chile con carne y queso. Después de comer, vamos a bailar.*

1. What is a "fandango"? _____
2. What kind of meal will they have to accompany the "fandango"?

_____

3. What is their favorite dish at the restaurant? _____
4. Which comes first, the meal or dancing? _____

Capítulo 5B   Fecha _____   **Guided Practice Activities 5B-6**

Presentación escrita (p. 265)

Task: Pretend your town needs a Spanish-language community guide for restaurants written. Write a review of your favorite local restaurant in Spanish.

❶ **Prewrite.** Compile the information you will need in order to write about your favorite restaurant. Fill in the information on the lines next to each category.

1. nombre _____

2. descripción general _____

_____

3. platos principales _____

4. postres _____

❷ **Draft.**

A. In order to prepare your first draft, write sentences with the information you compiled in **section 1** (**Prewrite**).

1. El restaurante se llama _____.

2. Es un restaurante _____ con

_____.

3. Los _____ son riquísimos.

4. Hay _____, _____ y _____ también.

B. Read the model below to give you an idea of what a complete review could look like.

> Café Beló es un café tranquilo con un ambiente intelectual donde puedes pasar el tiempo en la compañía de un buen amigo o un buen libro. Los precios son baratos. Puedes comer un sándwich, una ensalada, un postre o simplemente beber un café. Los postres son riquísimos. Un "plus" es la presentación de grupos musicales los fines de semana.

C. Use the sentences you wrote in **part A** above and add anything useful from the model to construct your complete review.

❸ **Revise.** Read through your review. Then you will share it with a partner. You should each check for:

_____ adjective agreement (masculine words with masculine endings, feminine words with feminine endings)

_____ correct use of verb forms

_____ correct spelling

_____ persuasiveness of your review

Nombre _____   Hora _____

Capítulo 6A   Fecha _____   **Vocabulary Flash Cards, Sheet 1**

Write the Spanish vocabulary word below each picture. If there is a word or phrase, copy it in the space provided. Be sure to include the article for each noun.

_____

_____

_____

_____

_____

_____

_____

_____

_____

Capítulo 6A

_____

_____

_____

_____

_____

_____

_____

_____

_____

_____

**el
video**

_____

_____

_____

_____

_____

_____

_____

poder

_____

¿De qué color...?

_____ _____

_____

gris

_____

los colores

_____

_____

azul

_____

marrón

_____

amarillo, amarilla

_____,

_____

blanco, blanca

_____,

_____

morado, morada

_____,

_____

rojo, roja	**anaranjado, anaranjada**	**importante**
_____, _____	_____, _____	_____
rosado, rosada	**feo, fea**	**mismo, misma**
_____, _____	_____, _____	_____, _____
verde	**grande**	**pequeño, pequeña**
_____	_____	_____, _____

propio, propia

_____

_____

el/la mejor

_____

_____

la cosa

_____

_____

a la derecha (de)

_____ _____

_____

menos... que

_____

_____

para mí

_____

_____

a la izquierda (de)

_____ _____

_____

el/la peor

_____

_____

para ti

_____

_____

el dormitorio _____ _____	la posesión _____ _____	bonito, bonita _____, _____
peor(es) que _____ _____	los/las mejores _____ _____	mejor(es) que _____ _____
negro, negra _____ _____	los/las peores _____ _____	

Tear out this page. Write the English words on the lines. Fold the paper along the dotted line to see the correct answers so you can check your work.

la alfombra _____

el armario _____

la cama _____

la cómoda _____

las cortinas _____

el cuadro _____

el despertador _____

el dormitorio _____

el espejo _____

el estante _____

_____

la lámpara _____

la mesita _____

la pared _____

el equipo de sonido _____

el lector DVD _____

el televisor _____

Fold In →

Tear out this page. Write the Spanish words on the lines. Fold the paper along the dotted line to see the correct answers so you can check your work.

rug _____

closet _____

bed _____

dresser _____

curtains _____

painting _____

alarm clock _____

bedroom _____

mirror _____

shelf, _____
bookshelf

lamp _____

night table _____

wall _____

sound (stereo) _____
system

DVD player _____

television set _____

Fold In ←

Tear out this page. Write the English words on the lines. Fold the paper along the dotted line to see the correct answers so you can check your work.

amarillo,
amarilla _____

anaranjado,
anaranjada _____

azul _____

blanco, blanca _____

gris _____

marrón _____

morado, morada _____

rojo, roja _____

rosado, rosada _____

verde _____

bonito, bonita _____

feo, fea _____

grande _____

importante _____

mismo, misma _____

pequeño,
pequeña _____

Fold In →

Tear out this page. Write the Spanish words on the lines. Fold the paper along the dotted line to see the correct answers so you can check your work.

yellow _____

_____

orange _____

_____

blue _____

white _____

gray _____

brown _____

purple _____

red _____

pink _____

green _____

pretty _____

ugly _____

large _____

important _____

same _____

small _____

_____

Fold In ←

Capítulo 6A

Making comparisons (p. 278)

- Use **más** + adjective + **que** to compare two people, things, or actions:

  El libro es **más interesante que** el video.

  *The book is **more interesting than** the video.*

- Use **menos** + adjective + **que** to compare two people, things, or actions:

  Correr es **menos divertido que** montar en bicicleta.

  *Running is **less fun than** riding a bike.*

A. Below are six comparisons. Write a + (plus sign) next to the ones that give the idea of "greater than" or "more than." Write a – (minus sign) next to the ones that give the idea of "worse than" or "less than." Follow the models.

| Modelos | más simpático que | _+_ |
| | menos ordenada que | _–_ |

1. menos divertido que _____
2. más simpático que _____
3. más reservada que _____

4. más interesante que _____
5. menos paciente que _____
6. menos atrevida que _____

B. The sentences below are marked with a + (plus sign) or a – (minus sign). Write in **más** if there is a + and **menos** if there is a –.

1. + El perro es _____ simpático que el gato.
2. – Luisa es _____ artística que Beatriz.
3. – Tomás es _____ trabajador que Marcos.
4. + La bicicleta es _____ grande que el monopatín.

- Some adjectives have special forms for comparisons. See the chart below.

Adjective		Comparative	
bueno / buena	*good*	**mejor (que)**	*better than*
malo / mala	*bad*	**peor (que)**	*worse than*
viejo / vieja	*old*	**mayor (que)**	*older than*
joven	*young*	**menor (que)**	*younger than*

C. Choose the correct comparative to complete each sentence.

1. Lorena tiene catorce años. Lidia tiene quince años. Lorena es (**mayor / menor**) que Lidia.

2. El restaurante grande es malo. El restaurante pequeño es bueno. El restaurante grande es (**mejor / peor**) que el restaurante pequeño.

3. Mi abuela tiene sesenta años. Tu abuela tiene cincuenta y ocho años. Mi abuela es (**mayor / menor**) que tu abuela.

The superlative (p. 280)

- To say someone or something is the *most* or the *least*:

  el / la / los / las + noun + **más / menos** + adjective

  Es **el libro más interesante** de la biblioteca.

- To say someone or something is the *best* or the *worst*:

  el / la / los / las + **mejor(es) / peor(es)** + noun

  Es **el peor libro** de la biblioteca.

A. Below are eight superlative expressions. Write a + (plus sign) next to the ones that give the idea of the *most* or the *best*. Write a – (minus sign) next to the ones that give the idea of the *least* or the *worst*.

1. la lámpara más grande _____
2. la mesita más fea _____
3. el peor video _____
4. las mejores cortinas _____

5. el espejo menos feo _____
6. la alfombra menos bonita _____
7. los peores cuadros _____
8. los mejores despertadores _____

B. Look at each sentence and see whether it is marked with a + or a –. Write in **más** if there is a + and **menos** if there is a –.

1. + Mi tío es la persona _____ simpática de mi familia.
2. – La cama es la _____ grande de todas.
3. – Marzo es el mes _____ bonito del año.
4. + Sandra es la persona _____ divertida de la familia.

C. Choose the correct superlative to complete each sentence. Circle the word you have chosen.

1. Me gusta mucho nadar y montar en bicicleta. Para mí, julio es el (**mejor / peor**) mes del año.

2. Todos mis primos son inteligentes, pero Alberto es el (**más / menos**) inteligente de todos. Es muy estudioso y trabajador también.

3. Me gusta mucho esquiar. Para mí, julio es el (**mejor / peor**) mes del año.

4. No me gustan los libros aburridos. Tu libro es el (**más / menos**) aburrido de todos. Es bastante interesante.

5. Mis abuelos son muy divertidos. Son las personas (**más / menos**) divertidas de la familia.

6. No me gusta esta cama. Es la cama (**más / menos**) grande de la casa.

Stem-changing verbs: *poder* and *dormir* (p. 284)

- **Poder** (*to be able to do something*) and **dormir** (*to sleep*) are both stem-changing verbs like **jugar**, which you learned previously. Just like **jugar**, only the **nosotros/nosotras** and **vosotros/vosotras** forms of **poder** and **dormir** do not change their stems.

- Here are the forms of **poder** and **dormir**:

yo	**puedo**	nosotros/nosotras	**podemos**
tú	**puedes**	vosotros/vosotras	**podéis**
usted/él/ella	**puede**	ustedes/ellos/ellas	**pueden**

yo	**duermo**	nosotros/nosotras	**dormimos**
tú	**duermes**	vosotros/vosotras	**dormís**
usted/él/ella	**duerme**	ustedes/ellos/ellas	**duermen**

A. Circle the forms of **poder** and **dormir** in each sentence. Then underline the stem in each verb you circled. The first one has been done for you.

1. <u>Dorm</u>imos ocho horas al día.
2. ¿Puedes montar en bicicleta?
3. No puedo trabajar hoy.
4. Mis hermanos duermen mucho.
5. Podemos traer la comida.
6. Duermo mucho los fines de semana.
7. No podemos hablar francés.
8. Ud. duerme en una cama grande.

B. Now, write the words you circled in **part A** next to each subject pronoun below.

1. nosotros _____
2. tú _____
3. yo _____
4. ellos _____
5. nosotros _____
6. yo _____
7. nosotros _____
8. Ud. _____

C. Circle the correct form of **poder** or **dormir** to complete each sentence.

1. Mis amigos y yo (**dormimos / duermen**) diez horas al día.
2. Roberto no (**puedo / puede**) ir a la fiesta.
3. Ustedes (**dormimos / duermen**) en la cama más grande de la casa.
4. Tú y yo (**puedes / podemos**) traer unos discos compactos.
5. Linda y Natalia (**duermo / duermen**) en un dormitorio grande.
6. Nosotros no (**podemos / puedes**) usar el lector DVD.
7. Tú (**dormimos / duermes**) en el dormitorio con la alfombra azul.

Stem-changing verbs: *poder* and *dormir (continued)*

D. Complete the sentences with forms of **poder** and **dormir**. Follow the models.

Modelos   Paco (**poder**) ir a la biblioteca.

Paco ___*puede*___ ir a la biblioteca.

Mónica (**dormir**) en el dormitorio grande.

Mónica ___*duerme*___ en el dormitorio grande.

1. Olivia (**poder**) montar en monopatín.

   Olivia _____ montar en monopatín.

2. Javier (**dormir**) ocho horas al día.

   Javier _____ ocho horas al día.

3. Tú (**dormir**) en un dormitorio con tu hermano.

   Tú _____ en un dormitorio con tu hermano.

4. Yo (**poder**) usar el televisor.

   Yo _____ usar el televisor.

5. Nosotros (**poder**) comprar unas cortinas para el dormitorio.

   Nosotros _____ comprar unas cortinas para el dormitorio.

6. Nosotros (**dormir**) en un dormitorio pequeño.

   Nosotros _____ en un dormitorio pequeño.

7. Ustedes (**dormir**) mucho los fines de semana.

   Ustedes _____ mucho los fines de semana.

E. Write sentences about yourself and your friends using forms of **poder**. Follow the models. Use ideas from the list or other words you know.

> montar en bicicleta / esquiar / patinar / montar en monopatín /
> hablar español / nadar / patinar / tocar la guitarra / jugar a ¿...?

Modelos   Yo ___*puedo montar en bicicleta*___ .

   Mis amigos y yo ___*podemos nadar*___ .

1. Yo _____ .

2. Yo no _____ .

3. Mis amigos y yo _____ .

4. Mis amigos y yo no _____ .

Lectura: El desastre en mi dormitorio (pp. 288–289)

A. Try to guess the meaning of the following cognates. If you are having difficulty, skim through the reading in your textbook to find these words in context. Write your answers in the spaces below.

1. desastre _____
2. posesiones _____
3. desorden _____

4. situación _____
5. recomendar _____
6. considerar _____

B. The statements below refer to one of the roommates from the reading in your textbook. The roommates' names are Rosario and Marta. After each statement, circle **M** if it describes **Marta** or **R** if it describes **Rosario**.

1. M R Le gusta el orden.
2. M R Le gusta el desorden.
3. M R Su color favorito es el negro.

4. M R Su color favorito es el amarillo.
5. M R Hay comida en el suelo.
6. M R Hay postre en el escritorio.

C. The second part of the reading in your textbook is the response from the advice columnist, Magdalena, to Marta's letter. Read the final piece of advice below that Magdalena gives to Rosario. Answer the questions in English that follow.

> *Si la situación no es mejor después de unas semanas, tienes que considerar la posibilidad de separar el dormitorio con una cortina. ¡Pero no debe ser una cortina ni negra ni amarilla!*

1. How long does Magdalena tell Rosario to wait before considering another possibility?

   _____

2. According to Magdalena, with what should Rosario separate the room?

   _____

3. What colors should not separate the two rooms?

   _____ and _____

D. In your own words, explain what the disaster in Rosario's bedroom is.

_____

_____

Fecha _____ **Guided Practice Activities 6A-6**

Presentación oral (p. 291)

Task: Use a photograph or drawing of a bedroom to talk about what its contents and colors tell about the personality of the owner.

A. Bring in a picture of a bedroom. It can be a photo, a picture cut out from a magazine, or a picture that you drew. Use the following four questions to organize your thoughts about the room. Write your answers to the questions on the line beneath each question.

1. ¿Qué hay en el dormitorio?

_____

2. ¿Cómo es el dormitorio?

_____

3. ¿De qué color es?

_____

4. ¿Qué cosas hay en las paredes?

_____

B. Using the information you just compiled in **part A**, answer the questions below in the spaces provided.

- En tu opinión, ¿cómo es la persona que vive (*lives*) en el dormitorio?
- ¿Qué le gusta hacer?

Es una persona _____ porque el dormitorio _____

_____.

Le gusta _____ porque en el dormitorio hay _____

_____.

C. Go through your presentation several times. Make sure you:

_____ support your statements with examples

_____ use complete sentences

_____ speak clearly

Write the Spanish vocabulary word below each picture. If there is a word or phrase, copy it in the space provided. Be sure to include the article for each noun.

_____

_____

_____

_____

_____

_____

**el
piso**

_____

_____

_____

_____

_____

_____

_____

_____

_____

_____

_____

ayudar _____	cerca (de) _____ _____	los quehaceres _____
dar _____	lejos (de) _____ _____	el apartamento _____ _____
poner _____	vivir _____	el cuarto _____ _____

sucio,
sucia

_____,

_____

¿Qué
estás
haciendo?

_____

_____

_____

si

_____

bastante

_____

un
momento

_____

_____

_____

_____

¿Cuáles?

_____

recibir

_____

_____

_____

Capítulo 6B

Vocabulary Flash Cards, Sheet 6

_____

_____

_____

_____

_____

_____

_____

_____

_____

Capítulo 6B

Tear out this page. Write the English words on the lines. Fold the paper along the dotted line to see the correct answers so you can check your work.

cerca (de) _____

lejos (de) _____

vivir _____

el apartamento _____

la cocina _____

el comedor _____

el despacho _____

la escalera _____

el garaje _____

la planta baja _____

el primer piso _____

el segundo piso _____

la sala _____

el sótano _____

arreglar el cuarto _____

ayudar _____

cocinar _____

cortar el césped _____

Fold In

Nombre _____

Hora _____

Fecha _____

Tear out this page. Write the Spanish words on the lines. Fold the paper along the dotted line to see the correct answers so you can check your work.

close (to), near _____

far (from) _____

to live _____

apartment _____

kitchen _____

dining room _____

home office _____

stairs, stairway _____

garage _____

ground floor _____

second floor _____

third floor _____

living room _____

basement _____

to straighten up _____
the room
_____

to help _____

to cook _____

to cut the lawn _____

Fold In

Tear out this page. Write the English words on the lines. Fold the paper along the dotted line to see the correct answers so you can check your work.

dar de comer
al perro   _____

hacer la cama   _____

lavar los platos   _____

limpiar el baño   _____

                    _____

pasar la
aspiradora   _____

poner la mesa   _____

los quehaceres   _____

quitar el polvo   _____

sacar la basura   _____

                    _____

limpio, limpia   _____

sucio, sucia   _____

bastante   _____

el dinero   _____

recibir   _____

Fold In ←

Capítulo 6B   Fecha _____   **Vocabulary Check, Sheet 4**

Tear out this page. Write the Spanish words on the lines. Fold the paper along the dotted line to see the correct answers so you can check your work.

to feed the dog   _____

_____

to make the bed   _____

to wash the dishes   _____

to clean the
bathroom   _____

to vacuum   _____

_____

to set the table   _____

chores   _____

to dust   _____

to take out
the trash   _____

clean   _____

dirty   _____

enough; rather   _____

moncy   _____

to receive   _____

Fold In

Affirmative *tú* commands (p. 305)

- **Tú** commands are used to tell friends, family members, or peers to do something.
- **Tú** command forms are the same as the regular present-tense forms for **Ud./él/ella.**

Infinitive	*Ud./él/ella* form	Affirmative *tú* command
-ar verb: **hablar**	habla	**¡Habla!**
-er verb: **leer**	lee	**¡Lee!**
-ir verb: **escribir**	escribe	**¡Escribe!**

- Two verbs you have learned already, **hacer** and **poder**, have irregular affirmative **tú** command forms:

    poner → **pon**   **¡Pon** la mesa!
    hacer → **haz**   **¡Haz** la cama!

- You can tell the difference between a command form and an **Ud.**, **él**, or **ella** verb form from the context of the sentence. A comma after the person's name indicates they are being talked to directly. Possessive adjectives can also help you decide if the person is being addressed directly (**tu**) or referred to in the third person (**su**).

    Marcos lee **su** libro. (**él** verb form)
    Marcos, lee **tu** libro. (command form)

A. Circle the command form in each sentence.

1. María, habla con tu hermano, por favor.
2. Tomasina, escribe tu tarea.
3. Marcos, come el almuerzo.
4. Silvia, practica la guitarra.
5. Elena, haz la cama.
6. Sandra, pon la mesa.
7. Alfonso, lee el libro.
8. Carlos, lava el coche.

B. Now look at each sentence. Write **C** if the verb is a command form. Write **no** if it is not a command form. Follow the models.

Modelos Javier estudia en su dormitorio.   *no*
            Javier, estudia en tu dormitorio.   *C*

1. Alfonso lee el libro. _____
2. Paula, ayuda a tu madre. _____
3. Roberto escucha a su madre. _____
4. Pablo hace la tarea. _____
5. Ana, lava los platos. _____
6. Isa juega con su hermana. _____
7. David, limpia la casa. _____
8. Elena, pon la mesa. _____

Affirmative *tú* commands *(continued)*

C. Circle the correct form of the verb to complete each sentence.

1. ¡(**Plancha** / Planchan) la ropa, por favor!

2. Gerardo, (**prepara** / preparas) la comida, por favor.

3. Alberto, (hace / **haz**) la tarea ahora.

4. Rosa, (pone / **pon**) los platos en la mesa, por favor.

5. ¡(Lavas / **Lava**) el coche, por favor!

6. Linda, (**juega** / juegas) con tu hermana esta tarde.

D. Write the affirmative **tú** command forms to complete the following conversations. Follow the model.

| Modelo | RAÚL: | Ana, **(poner)** ____*pon*____ los libros en la mesa. |
| | ANA: | Sí, pero **(tomar)** ____*toma*____ mi mochila. |

1. SEBASTIÁN: Roberto, **(lavar)** _____ los platos, por favor.

   ROBERTO: Claro. **(Traer)** _____ los platos sucios aquí.

2. TERESA: Susana, **(preparar)** _____ el almuerzo.

   SUSANA: Sí, pero **(hablar)** _____ con mamá para ver qué necesitamos.

3. EDUARDO: Elena, **(hacer)** _____ los quehaceres.

   ELENA: Claro. **(Escribir)** _____ una lista.

4. ISABEL: Margarita, **(planchar)** _____ la ropa, por favor.

   MARGARITA: Claro, pero **(sacar)** _____ la plancha, por favor.

E. Write **tú** command forms to complete each sentence. Use verbs from the list.

hacer	lavar	poner	sacar

1. ¡_____ la basura!

2. ¡_____ el coche!

3. ¡_____ la mesa!

4. ¡_____ la cama!

Capítulo 6B

The present progressive tense (p. 308)

- Use the present progressive tense to say what people are doing or what is happening right now.

   Estamos lavando el coche.   *We are washing the car.*

- The present progressive tense uses forms of **estar** with the present participle.
- Review the forms of **estar**:

yo	**estoy**	nosotros/nosotras	**estamos**
tú	**estás**	vosotros/vosotras	**estáis**
usted/él/ella	**está**	ustedes/ellos/ellas	**están**

- You form the present participle for **-ar** verbs by removing the **-ar** ending and adding **-ando: preparar → preparando, hablar → hablando**.
- You form the present participle for **-er** and **-ir** verbs by removing the **-er** or **-ir** ending and adding **-iendo: comer → comiendo, escribir → escribiendo**.
- The forms of **estar** change to match the subject of the sentence. The present participle always stays the same, regardless of who the subject is.

   Francisco está limpiando la mesa.   *Francisco is cleaning the table.*
   Tú y yo estamos limpiando el baño.   *We are cleaning the bathroom.*

A. Look at each sentence. Underline the form of **estar.** Circle the present participle. Follow the model.

Modelo   Enrique <u>está</u> lavando los platos.

1. Tú y yo estamos pasando la aspiradora.
2. Mis abuelos están cortando el césped.
3. Mi hermana está quitando el polvo en la sala.
4. Yo estoy dando de comer al perro.
5. Ustedes están sacando la basura de la cocina.
6. Tú estás poniendo la mesa con los platos limpios.
7. Ella está haciendo las camas del segundo piso.

B. Complete each sentence with the appropriate form of **estar.**

1. Yo _____ poniendo la mesa.
2. Tú _____ sacando la basura.
3. Ella _____ lavando la ropa.
4. Nosotros _____ preparando el almuerzo.
5. Ustedes _____ cortando el césped.

The present progressive tense *(continued)*

C. Write the present participles of the verbs shown. Follow the models. Remember to use **-ando** for **-ar** verbs and **-iendo** for **-er** and **-ir** verbs.

Modelos ayudar ____*ayudando*____

hacer ____*haciendo*____

escribir ____*escribiendo*____

1. dar _____   5. sacar _____

2. abrir _____   6. lavar _____

3. comer _____   7. jugar _____

4. romper _____   8. poner _____

D. Look at the drawing. Then write forms of the present progressive (**estar** + present participle) to complete each sentence. Follow the models.

Modelos Graciela (**dar**) ____*está dando*____ de comer al perro.

Lola y Elia (**hablar**) ____*están hablando*____.

1. El padre (**sacar**) _____ la basura.

2. La madre (**cocinar**) _____ unas hamburguesas.

3. Ana María (**cortar**) _____ el césped.

4. Manolo y José (**lavar**) _____ el coche.

5. Tito y Ramón (**poner**) _____ la mesa.

Lectura: Cantaclara (pp. 312–313)

A. The reading in your textbook is similar to the story of Cinderella. Write four facts that you can remember about the Cinderella story in the spaces below. If you are not familiar with the story you will need to find out from someone who is.

1. _____
2. _____
3. _____
4. _____

B. Skim through the reading and the pictures in your textbook to find similarities between the story of Cantaclara and Cinderella. Check off any similarities in your list above.

C. Since you know that the story in your textbook is like the story of Cinderella, you know that Cantaclara lives with her stepmother and two stepsisters. Below is a dialogue with all four of them. Read the dialogue and answer the questions that follow.

> –Cantaclara, saca la basura. Y después, pon la mesa –dice la madrastra.
>
> –Cantaclara, haz mi cama y limpia el baño –dice Griselda.
>
> –Haz mi cama también –dice Hortencia.
>
> –Un momento. Estoy lavando los platos ahora mismo –dice Cantaclara.

1. Circle the names of the four people who are speaking.
2. How is a dialogue written differently in Spanish than in English?

_____

3. Which person does NOT say she wants Cantaclara to make her bed?

_____

D. Now, read what takes place at the end of the story. Answer the questions in English that follow.

> Son las ocho de la noche. La madrastra y las dos hermanastras están en la sala y ven su programa favorito. Pero, ¿qué es esto? ¡Ven a Cantaclara en la pantalla!
>
> –Mira, mamá. ¡Es Cantaclara! –dice Hortencia.
>
> –¡Oh, no! Si Cantaclara es la nueva estrella del futuro, ¿quién va a hacer los quehaceres? –pregunta Griselda.

1. At what time do the stepmother and stepsisters sit down to watch their favorite show? _____
2. Whom do they see on TV? _____
3. What problem does Griselda think of at the end? _____

_____

Presentación escrita (p. 315)

Task: Pretend that your family is selling their house, apartment, or that you are selling an imaginary dream home. Create a flyer in Spanish to promote the sale of your home.

❶ Prewrite. You are going to prepare an informative flyer about your home. In order to provide the most information to potential buyers, you will need to anticipate their questions. Read the potential questions below and write answers about your home in the spaces provided.

a)   En general, ¿cómo es la casa o apartamento? (¿Es grande o pequeño?)

_____.

b)   ¿De qué color es la casa o apartamento?

_____.

c)   ¿Cuántos cuartos hay en la casa o apartamento? ¿Cuáles son?

_____.

d)   ¿Cómo son los cuartos? (¿grandes o pequeños?)

_____.

e)   ¿De qué color son los cuartos?

_____.

f)   ¿Cuál es la dirección (*address*) y el precio (*price*) de la casa o apartamento?

_____.

❷ Draft. Now, compile the answers you wrote above on a separate sheet of paper to create your rough draft. Organize your answers in a way that will be easy for anyone to read. Your flyer should also include illustrations and colored ink to make it more attractive to potential buyers. The first line on your flyer should read: **Se vende casa** (or **Se vende apartamento**).

❸ Revise. Read through your ad to see that you have included all the information that a potential buyer might want. Share your draft with a partner who will check the following:

_____ Are all words spelled correctly?

_____ Is the flyer neat and attractive?

_____ Does the flyer need a visual?

_____ Is the key information provided?

_____ Does the flyer make me want to look at the property?

❹ Publish. Write a new, final copy of your flyer making any necessary corrections or adding to it anything your partner suggested.

Write the Spanish vocabulary word below each picture. If there is a word or phrase, copy it in the space provided. Be sure to include the article for each noun.

Fecha _____

_____

_____

_____

_____

_____

_____

_____

_____

_____

buscar

_____

_____

la
tienda

_____

comprar

_____

la tienda
de ropa

_____ _____

_____

entrar

_____

¿En qué
puedo
servirle?

_____ _____

_____

llevar

_____

nuevo,
nueva

_____,
_____

Me queda(n)
mal.

_____ _____
_____

¡Vamos!

_____

¿Cómo
te queda(n)?

_____
_____

quizás

_____

costar

_____

Me queda(n)
bien.

_____ _____
_____

Perdón.

_____

¿Cuánto
cuesta(n)...?

_____

el precio	trescientos, trescientas	seiscientos, seiscientas
_____ _____	_____, _____	_____, _____
tanto	cuatrocientos, cuatrocientas	setecientos, setecientas
_____	_____, _____	_____, _____
doscientos, doscientas	quinientos, quinientas	ochocientos, ochocientas
_____, _____	_____, _____	_____, _____

novecientos,
novecientas

_____,

_____

los
dos

_____

_____

estos,
estas

_____,

_____

mil

_____

las
dos

_____

_____

ese,
esa

_____,

_____

tener
razón

_____

_____

este,
esta

_____,

_____

esos,
esas

_____,

_____

Capítulo 7A

Tear out this page. Write the English words on the lines. Fold the paper along the dotted line to see the correct answers so you can check your work.

buscar _____

comprar _____

el dependiente,
la dependienta _____

entrar _____

la tienda de ropa _____

el abrigo _____

la blusa _____

las botas _____

los calcetines _____

la camiseta _____

la chaqueta _____

la falda _____

la gorra _____

los jeans _____

los pantalones
cortos _____

la sudadera _____

el suéter _____

Fold In

Capítulo 7A

Tear out this page. Write the Spanish words on the lines. Fold the paper along the dotted line to see the correct answers so you can check your work.

to look for _____

to buy _____

salesperson _____

_____

to enter _____

clothing store _____

coat _____

blouse _____

boots _____

socks _____

T-shirt _____

jacket _____

skirt _____

cap _____

jeans _____

shorts _____

_____

sweatshirt _____

sweater _____

Fold In

Capítulo 7A

Tear out this page. Write the English words on the lines. Fold the paper along the dotted line to see the correct answers so you can check your work.

el traje de baño _____

el vestido _____

los zapatos _____

llevar _____

nuevo, nueva _____

costar _____

el precio _____

doscientos _____

trescientos _____

cuatrocientos _____

quinientos _____

seiscientos _____

setecientos _____

ochocientos _____

novecientos _____

mil _____

tener razón _____

Fold In

Tear out this page. Write the Spanish words on the lines. Fold the paper along the dotted line to see the correct answers so you can check your work.

swimsuit _____

dress _____

shoes _____

to wear _____

new _____

to cost _____

price _____

two hundred _____

three hundred _____

four hundred _____

five hundred _____

six hundred _____

seven hundred _____

eight hundred _____

nine hundred _____

a thousand _____

to be correct _____

Fold In ↓

Capítulo 7A

Stem-changing verbs: *pensar, querer*, and *preferir* (p. 330)

- Like the other stem-changing verbs you've learned (**jugar, poder,** and **dormir**), **pensar, querer,** and **preferir** use the regular present-tense endings. These endings attach to a new stem for all forms except for the **nosotros** and **vosotros** forms, which use the existing stem.

- Here are the forms of **pensar, querer,** and **preferir.** Note that in all cases, the **e** in the stem changes to **ie.**

yo	**pienso**	nosotros/nosotras	**pensamos**
tú	**piensas**	vosotros/vosotras	**pensáis**
usted/él/ella	**piensa**	ustedes/ellos/ellas	**piensan**

yo	**quiero**	nosotros/nosotras	**queremos**
tú	**quieres**	vosotros/vosotras	**queréis**
usted/él/ella	**quiere**	ustedes/ellos/ellas	**quieren**

yo	**prefiero**	nosotros/nosotras	**preferimos**
tú	**prefieres**	vosotros/vosotras	**preferís**
usted/él/ella	**prefiere**	ustedes/ellos/ellas	**prefieren**

A. Circle the forms of **pensar, querer,** or **preferir** in each sentence. Then underline the stem in each verb you circled. The first one has been done for you.

1. <u>Prefier</u>en comprar unos zapatos.

2. Queremos ir de compras.

3. Pensamos ir a la tienda de ropa.

4. ¿Prefiere Ud. el vestido o la falda?

5. Pienso comprar una sudadera.

6. ¿Quieres hablar con la dependienta?

7. Preferimos ir a una tienda grande.

8. Quieren entrar en la tienda.

B. Now, write the forms of **pensar, querer,** and **preferir** that you circled in **part A** next to each subject pronoun.

1. ellos (preferir) _____

2. nosotros (querer) _____

3. nosotros (pensar) _____

4. Ud. (preferir) _____

5. yo (pensar) _____

6. tú (querer) _____

7. nosotros (preferir) _____

8. ellos (querer) _____

Stem-changing verbs (*continued*)

C. Circle the correct form of **pensar, querer,** or **preferir** to complete each sentence.

1. Yo (**quiere** / **quiero**) comprar unas botas nuevas.

2. Ella (**prefiere** / **prefieren**) los pantalones cortos a la falda.

3. Nosotros (**prefieren** / **preferimos**) ir de compras en una tienda grande.

4. Ellos (**pienso** / **piensan**) comprar dos abrigos nuevos.

5. Tú y yo (**pensamos** / **piensas**) buscar una tienda con precios buenos.

6. Ustedes (**quieres** / **quieren**) hablar con la dependienta.

7. Nosotros (**queremos** / **quieres**) entrar en la tienda de ropa.

8. Tú y yo no (**piensan** / **pensamos**) comprar ropa hoy.

D. Complete the sentences with forms of **pensar, querer,** or **preferir.** Follow the models.

Modelos Tú (**pensar**) comprar un suéter.

Tú _____*piensas*_____ comprar un suéter.

Tú y yo (**preferir**) comprar el vestido azul.

Tú y yo _____*preferimos*_____ comprar el vestido azul.

1. Elena (**pensar**) comprar una sudadera.

   Elena _____ comprar una sudadera.

2. Sandra y yo (**querer**) ir a una tienda de ropa grande.

   Sandra y yo _____ ir a una tienda de ropa grande.

3. Yo (**preferir**) hablar con un dependiente.

   Yo _____ hablar con un dependiente.

4. Nosotras (**pensar**) que es un precio bueno.

   Nosotras _____ que es un precio bueno.

5. Tú (**querer**) entrar en una tienda de ropa grande.

   Tú _____ entrar en una tienda de ropa grande.

6. Tú y yo (**querer**) comprar unas camisetas nuevas.

   Tú y yo _____ comprar unas camisetas nuevas.

7. Tomás y Sebastián (**preferir**) no comprar ropa hoy.

   Tomás y Sebastián _____ no comprar ropa hoy.

8. Yo (**pensar**) comprar una gorra y un suéter.

   Yo _____ comprar una gorra y un suéter.

Demonstrative adjectives (p. 332)

- Demonstrative adjectives are the equivalent of *this, that, these,* and *those* in English. You use them to point out nouns: *this hat, those shoes*.
- In Spanish, the demonstrative adjectives agree with the noun they accompany in both gender and number.

	Close		**Farther away**	
Singular masculine	este suéter	(*this* sweater)	ese suéter	(*that* sweater)
Singular feminine	esta falda	(*this* skirt)	esa falda	(*that* skirt)
Plural masculine	estos suéteres	(*these* sweaters)	esos suéteres	(*those* sweaters)
Plural feminine	estas faldas	(*these* skirts)	esas faldas	(*those* skirts)

A. Circle the demonstrative adjective in each sentence below. Write **C** next to the sentence if the object referred to is *close* (**este, esta, estos, estas**). Write **F** if the object referred to is *farther away* (**ese, esa, esos, esas**).

1. Me gustan estos zapatos. _____

2. Quiero comprar esas camisetas. _____

3. ¿Prefieres esta falda? _____

4. Esa camisa es muy bonita. _____

5. No me gustan esos vestidos. _____

6. ¿Te gustan estas chaquetas? _____

B. Circle the correct demonstrative adjective in each sentence.

1. ¿Cómo me quedan (**esto** / **estos**) pantalones?

2. Me gustan (**esas** / **esos**) sudaderas.

3. ¿Prefieres (**esta** / **este**) chaqueta?

4. Pienso comprar (**estos** / **este**) calcetines.

5. No me gusta (**ese** / **esa**) abrigo.

6. ¿Cómo me queda (**este** / **esta**) traje?

7. (**Eso** / **Esas**) botas son muy bonitas.

8. ¿Vas a comprar (**esos** / **esas**) pantalones cortos?

Demonstrative adjectives *(continued)*

C. Choose the correct form of the demonstrative adjective and write it next to each noun. Follow the models.

Close: este, esta, estos, estas   **Farther: ese, esa, esos, esas**

Modelos	calcetines (close): ___*estos*___ calcetines
	camisa (farther): ___*esa*___ camisa

1. abrigo (farther): _____ abrigo
2. botas (farther): _____ botas
3. jeans (close): _____ jeans
4. falda (close): _____ falda
5. traje de baño (close): _____ traje de baño
6. zapatos (farther): _____ zapatos
7. chaquetas (farther): _____ chaquetas
8. pantalones (close): _____ pantalones
9. vestido (farther): _____ vestido
10. suéter (close): _____ suéter

D. In each drawing below, the item of clothing that is larger is closer to you. The one that is smaller is farther away. Write the correct demonstrative adjective to indicate the item that is marked with an arrow. Follow the model.

Modelo ___*esta*___ camisa

1. _____ pantalones   4. _____ zapatos

2. _____ sudaderas   5. _____ abrigo

3. _____ vestido

Lectura: Tradiciones de la ropa panameña (pp. 336–337)

A. You will find out a lot about the contents of the reading in your textbook by looking at the title and the photos. In the spaces below, write three main topics that you would expect a reading on Panamanian culture to cover.

1. _____

2. _____

3. _____

B. Read the paragraph below on **polleras** and answer the questions that follow in Spanish.

> *Una tradición panameña de mucho orgullo (pride) es llevar el vestido típico de las mujeres, "la pollera". Hay dos tipos de pollera, la pollera montuna y la pollera de gala, que se lleva en los festivales.*

1. Según la lectura, ¿cómo se llama el vestido típico de las mujeres en Panamá?

_____

2. ¿Cuáles son los dos tipos de pollera?

_____ y _____.

3. ¿Cuándo se lleva la pollera de gala? _____

C. Look through the reading in your textbook again to find whether the following statements are true or false. Then, circle **cierto** for true or **falso** for false.

1. cierto   falso   Hay un Día Nacional de la Pollera en la ciudad de Las Tablas.

2. cierto   falso   Las Tablas es famosa por ser el mejor lugar para celebrar los carnavales.

3. cierto   falso   El canal de Panamá conecta el océano Pacífico con el lago Titicaca.

4. cierto   falso   Panamá es un istmo.

5. cierto   falso   El segundo tipo de ropa auténtico de Panamá que se menciona es la gorra de Panamá.

Presentación oral (p. 339)

Task: You and a partner will play the roles of a customer and a salesclerk. The customer will look at various items in the store, talk with the clerk, and then decide if he or she would like to buy anything.

A. Work with a partner to prepare the skit. You will be the customer. You and your partner will need to discuss what type of clothing your store is selling. You will then need a name for your store and some samples of merchandise to use in your skit. You may bring in clothes or use cutouts from a magazine. Complete the following in the spaces below:

Type of clothing: _____

Store name: _____

B. Now, make a list below of five different expressions and questions that will help you play your role. You may want to look back in the *A primera vista* and *Videohistoria* sections in your textbook for ideas to help you get started.

1. _____
2. _____
3. _____
4. _____
5. _____

C. Work with your partner to put together and practice your presentation. Keep in mind the following things:

_____ to answer questions using complete sentences

_____ to speak clearly

_____ to keep the conversation going

_____ to finish the conversation at a logical point

D. When you present your skit, the clerk will begin the conversation. That means that you will need to respond as your first action. As your last action, you will need to decide whether or not to buy something. Your teacher will grade you based on the following:

• how well you keep the conversation going
• how complete your presentation is
• how well you use new and previously learned vocabulary

Write the Spanish vocabulary word below each picture. If there is a word or phrase, copy it in the space provided. Be sure to include the article for each noun.

_____

_____

_____

_____

en la Red

_____

_____

_____

_____

_____

_____

_____

_____

_____

_____

_____

_____

_____

_____

_____ _____

_____

el
novio

_____

_____

caro,
cara

_____,

_____

_____

_____ _____

_____

la
novia

_____

_____

mirar

_____

_____

_____

barato,
barata

_____,

pagar
(por)

_____

_____

vender	**ayer**	**hace + *time* expression** _____ _____ _____
_____	_____	
anoche _____	**la semana pasada** _____ _____ _____	 _____
el año pasado _____ _____ _____	**¡Uf!** _____	 _____

Capítulo 7B

Tear out this page. Write the English words on the lines. Fold the paper along the dotted line to see the correct answers so you can check your work.

el almacén _____

_____

en la Red _____

la joyería _____

la librería _____

la tienda de
descuentos _____

la tienda de
electrodomésticos _____

_____

la zapatería _____

el anillo _____

los anteojos de sol _____

los aretes _____

el bolso _____

la cadena _____

la cartera _____

el collar _____

la corbata _____

los guantes _____

el llavero _____

Fold In →

Tear out this page. Write the Spanish words on the lines. Fold the paper along the dotted line to see the correct answers so you can check your work.

department store _____

online _____

jewelry store _____

bookstore _____

discount store _____

_____

household appliance store _____

_____

shoe store _____

ring _____

sunglasses _____

earrings _____

purse _____

chain _____

wallet _____

necklace _____

tie _____

gloves _____

key chain _____

Fold In ←

Tear out this page. Write the English words on the lines. Fold the paper along the dotted line to see the correct answers so you can check your work.

el perfume   _____

la pulsera   _____

el reloj pulsera   _____

el software   _____

el novio   _____

la novia   _____

barato,   _____
barata   _____

caro, cara   _____

mirar   _____

pagar (por)   _____

vender   _____

Fold In

Capítulo 7B

Tear out this page. Write the Spanish words on the lines. Fold the paper along the dotted line to see the correct answers so you can check your work.

perfume _____

bracelet _____

watch _____

software _____

boyfriend _____

girlfriend _____

inexpensive, cheap _____

expensive _____

to look (at) _____

to pay (for) _____

to sell _____

Fold In

Capítulo 7B

The preterite of -*ar* verbs (p. 354)

- The preterite is a Spanish past tense that is used to talk about actions that were completed in the past: *I went to the store. I bought a jacket.*
- To form the preterite of -**ar** verbs, you take the stem of the verb (the same stem you used to form the present tense) and add the following endings:

hablar → habl- + endings

yo	**hablé**	nosotros/nosotras	**hablamos**
tú	**hablaste**	vosotros/vosotras	**hablasteis**
usted/él/ella	**habló**	ustedes/ellos/ellas	**hablaron**

- Notice the accents on the **yo** and **usted/él/ella** forms: **hablé, habló**.

A. Underline the preterite verb forms in the following conversations. **¡Ojo!** Not all the verb forms are preterite forms.

1. ELENA: ¿Hablaste con Enrique ayer?

   ANA: Sí, hablamos por teléfono anoche. Él trabajó ayer.

   ELENA: ¿Ah, sí? ¿Dónde trabaja?

   ANA: Trabaja en un restaurante. Ayer lavó muchos platos y limpió las mesas.

2. MARCOS: ¿Estudiaste para el examen?

   TOMÁS: Sí, estudié mucho, pero estoy nervioso.

   MARCOS: Yo también. Pasé dos horas en la biblioteca.

   TOMÁS: Yo estudié en casa y usé la computadora.

B. Now, fill in the conversations from **part A** with the missing preterite forms.

1. ELENA: ¿_____ con Enrique ayer?

   ANA: Sí, _____ por teléfono anoche. Él _____ ayer.

   ELENA: ¿Ah, sí? ¿Dónde trabaja?

   ANA: Trabaja en un restaurante. Ayer _____ muchos platos

   y _____ las mesas.

2. MARCOS: ¿_____ para el examen?

   TOMÁS: Sí, _____ mucho, pero estoy nervioso.

   MARCOS: Yo también. _____ dos horas en la biblioteca.

   TOMÁS: Yo _____ en casa y _____ la computadora.

The preterite of -*ar* verbs (*continued*)

C. Circle the correct preterite form to complete each sentence.

1. Yo (**caminó** / **caminé**) por dos horas ayer.

2. Ellos (**hablaste** / **hablaron**) por teléfono anoche.

3. Nosotros (**cocinamos** / **cocinaron**) la cena.

4. Tú (**cantaron** / **cantaste**) en la ópera.

5. Ella (**escuchó** / **escucharon**) música en su dormitorio.

6. Ustedes (**levantaron** / **levantamos**) pesas en el gimnasio.

D. Write the missing preterite forms in the chart.

	cantar	bailar	escuchar	lavar	nadar
yo	canté				
tú		bailaste			
Ud./él/ella			escuchó		
nosotros/nosotras				lavamos	
Uds./ellos/ellas					nadaron

E. Write the correct preterite form of the verb indicated next to each subject pronoun. Follow the model.

Modelo   tú (bailar) _____*bailaste*_____

1. yo (cantar) _____
2. ella (nadar) _____
3. Ud. (esquiar) _____
4. ellos (lavar) _____
5. nosotros (dibujar) _____
6. ellos (pasar) _____
7. tú (hablar) _____
8. yo (limpiar) _____

F. Use verbs from the list to say what you and your friends did last night.

> estudiar   trabajar   hablar por teléfono   bailar   cantar   cocinar
> escuchar música   esquiar   lavar la ropa   levantar pesas   limpiar el baño

1. Anoche yo _____ .

2. Yo no _____ .

3. Anoche mis amigos _____ .

4. Nosotros no _____ .

Capítulo 7B

The preterite of verbs ending in *-car* and *-gar* (p. 356)

- Verbs that end in **-car** and **-gar** use the same preterite endings as regular **-ar** verbs, except in the **yo** form.
- Here are the preterite forms of **buscar** (*to look for*) and **pagar** (*to pay*).

c → qu

yo	**busqué**	nosotros/nosotras	**buscamos**
tú	**buscaste**	vosotros/vosotras	**buscasteis**
usted/él/ella	**buscó**	ustedes/ellos/ellas	**buscaron**

g → gu

yo	**pagué**	nosotros/nosotras	**pagamos**
tú	**pagaste**	vosotros/vosotras	**pagasteis**
usted/él/ella	**pagó**	ustedes/ellos/ellas	**pagaron**

- Other verbs you know follow this pattern. **Jugar** is like **pagar** (g → gu). **Practicar, sacar,** and **tocar** are like **buscar** (c → qu).

A. Fill in the missing **yo** forms in the chart.

	buscar	pagar	jugar	practicar	sacar	tocar
yo						
tú	buscaste	pagaste	jugaste	practicaste	sacaste	tocaste
Ud./él/ella	buscó	pagó	jugó	practicó	sacó	tocó
nosotros/nosotras	buscamos	pagamos	jugamos	practicamos	sacamos	tocamos
Uds./ellos/ellas	buscaron	pagaron	jugaron	practicaron	sacaron	tocaron

B. Write the correct forms of the verb indicated next to each subject pronoun. Follow the model.

Modelo (pagar): tú _____*pagaste*_____

1. (pagar): ellos _____
2. (pagar): yo _____
3. (pagar): él _____
4. (jugar): tú y yo _____
5. (jugar): yo _____
6. (jugar): Uds. _____
7. (buscar): ellos _____
8. (buscar): yo _____
9. (practicar): yo _____
10. (practicar): tú _____
11. (sacar): Ud. _____
12. (sacar): yo _____
13. (tocar): yo _____
14. (tocar): tú y yo _____

Direct object pronouns (p. 360)

- A direct object tells who or what receives the action of the verb:

  Busco una <u>cadena</u>.   *I am looking for a <u>chain</u>.*

- In the sentence above, **cadena** is the direct object noun.
- You can use a direct object pronoun to replace a direct object noun.
- The direct object pronoun must match the noun it replaces in both gender and number:

Compré <u>un suéter</u>.	→	**Lo** compré. (*masculine, singular*)
Compré <u>una falda</u>.	→	**La** compré. (*feminine singular*)
Compré <u>unos aretes</u>.	→	**Los** compré. (*masculine plural*)
Compré <u>unas pulseras</u>.	→	**Las** compré. (*feminine plural*)

- The direct object comes *before* a verb in the present tense or the preterite tense.

  Lo tengo aquí. (*I have **it** here.*)

  Lo compré anoche. (*I bought **it** last night.*)

A. Underline the direct object noun in each sentence.

1. Busco unos guantes nuevos.
2. La dependienta vendió el perfume.
3. Compré dos llaveros.
4. Llevamos nuestras carteras.
5. Compramos un collar.
6. Miramos unas corbatas.
7. Buscaron una cadena.
8. Preparé el almuerzo.

B. Write each noun you circled in **part A** on the following lines. Write **M** or **F** next to the noun, depending on whether it is masculine or feminine. Then write **S** or **P** next to that, depending on whether the noun is singular or plural. Follow the model.

Modelo	*guantes*	*M, P*

1. _____ _____   5. _____ _____
2. _____ _____   6. _____ _____
3. _____ _____   7. _____ _____
4. _____ _____

C. Now, write the correct direct object pronoun to replace each noun you wrote in **part B**. Follow the model.

Modelo	guantes, M, P:	_____*Los*_____ busqué.

1. _____ vendió.   5. _____ miramos.
2. _____ compré.   6. _____ buscaron.
3. _____ llevamos.   7. _____ preparé.
4. _____ compramos.

Lectura: ¡De compras! (pp. 364–365)

A. The reading in your textbook is about shopping in Hispanic communities of four different U.S. cities: New York, Miami, Los Angeles, and San Antonio. Use what you know about each area of the country and make a list of three items you would expect to find in Hispanic shopping centers in each city.

1. New York

a) _____

b) _____

c) _____

2. Miami

a) _____

b) _____

c) _____

3. Los Angeles

a) _____

b) _____

c) _____

4. San Antonio

a) _____

b) _____

c) _____

B. Now, look at the descriptions from the reading in your textbook and decide which city is being described. Write the name of the city in the space provided. Each city will be used once.

1. _____ Hay bodegas que venden productos típicos cubanos.

2. _____ En las joyerías de la calle Olvera, venden joyas de plata: aretes, collares, anillos y mucho más.

3. _____ En la calle 116, venden ropa, comida típica del Caribe, discos compactos, libros y mucho más.

4. _____ Es esta ciudad bonita, hay tiendas de artesanías mexicanas que son fabulosas.

C. The narrator from the reading in your textbook buys things in each city. Some items may have been on your list in **part A**. Look at the things below that the narrator bought. Write the name of the city for each in the spaces provided.

1. _____ una piñata

2. _____ una camiseta con la bandera de Puerto Rico

3. _____ pasta de guayaba

4. _____ un sarape

5. _____ una pulsera bonita

6. _____ una blusa bordada

Presentación escrita (p. 367)

Task: Write a letter to a cousin or other relative about a gift you bought for a member of your family. Let the relative know what you bought so that he or she will not buy the same item.

❶ Prewrite. Think of a birthday gift you bought for a family member's birthday. It could be current or in the past. Answer the following questions about the gift to help organize your thoughts. Use complete sentences when you answer.

1. ¿Para quién es el regalo? _____

2. ¿Qué compraste? _____

3. ¿Dónde compraste el regalo? _____

4. ¿Por qué compraste ese regalo? _____

5. ¿Cuánto pagaste por el regalo? _____

❷ Draft. Use the form below to write a rough draft of your letter. Include all of the information you wrote in your answers in **part 1**. Look in your textbook for a model to help you.

Querido(a) _____:
      (name of the relative you are writing to)

Compré _____ para _____.

Lo compré en _____.

Creo que _____.

Pagué _____.

Tu _____,
    (your relationship to the person)

_____
      (your name)

❸ Revise. Read your letter again before you give it to a partner to review. Your teacher will check:

- how easy the letter is to understand
- how much information is included about the gift
- how appropriate the greeting and closing are
- the accuracy of the use of the preterite

Write the Spanish vocabulary word below each picture. If there is a word or phrase, copy it in the space provided. Be sure to include the article for each noun.

la ciudad	**el mar**	**el país**
___ ___	___	___
_____	_____	_____

Nombre _____

Hora _____

Capítulo 8A

Fecha _____

Vocabulary Flash Cards, Sheet 2

_____
_____

el
animal

_____

_____

_____ _____
_____

el
árbol

_____
_____

el
oso

_____
_____

_____
_____

la
atracción

_____
_____

_____
_____

aprender (a)

tomar
el sol

_____

_____ __   _____   _____

bucear

montar a
caballo

visitar

_____   _____   _____

_____

comprar
recuerdos

el
lugar

_____

_____   _____   _____

_____

_____
_____

_____
_____

¿Cómo lo pasaste?

_____ _____

_____
_____

_____
_____

dime

_____

_____
_____

como

_____
_____

fantástico, fantástica

_____ ,
_____

Fue un desastre.

_____ _____

_____

ir de vacaciones

_____ _____

_____

¿Qué te pasó?

_____

_____ _____

el hotel

_____

_____

Me gustó.

_____

_____

regresar

_____

impresionante

_____

¿Qué hiciste?

_____

_____

salir

_____

¿Te
gustó?

_____

_____

¿Viste...?

_____

durante

_____

tremendo,
tremenda

_____ ,

_____

viajar

_____

tarde

_____

vi

_____

el
viaje

_____

_____

temprano

_____

Tear out this page. Write the English words on the lines. Fold the paper along the dotted line to see the correct answers so you can check your work.

la ciudad _____

el estadio _____

el lago _____

el mar _____

el monumento _____

el museo _____

el país _____

el parque de diversiones _____

el parque nacional _____

la obra de teatro _____

el zoológico _____

el árbol _____

el mono _____

el oso _____

el pájaro _____

aprender (a) _____

Fold In →

Tear out this page. Write the Spanish words on the lines. Fold the paper along
the dotted line to see the correct answers so you can check your work.

city   _____

stadium   _____

lake   _____

sea   _____

monument   _____

museum   _____

country   _____

amusement
park   _____

national park   _____

                        _____

play   _____

                        _____

zoo   _____

tree   _____

monkey   _____

bear   _____

bird   _____

to learn   _____

Fold In

Tear out this page. Write the English words on the lines. Fold the paper along the dotted line to see the correct answers so you can check your work.

bucear   _____

                       _____

recuerdos   _____

descansar   _____

montar a
caballo   _____

                       _____

pasear en bote   _____

tomar el sol   _____

el autobús   _____

el avión   _____

el barco   _____

el tren   _____

ir de
vacaciones   _____

regresar   _____

salir   _____

                       _____

viajar   _____

el viaje   _____

Fold In →

Tear out this page. Write the Spanish words on the lines. Fold the paper along the dotted line to see the correct answers so you can check your work.

to scuba dive/ _____
snorkel

souvenirs _____

to rest, to relax _____

to ride _____
horseback _____

to go boating _____

to sunbathe _____

bus _____

airplane _____

boat, ship _____

train _____

to go on _____
vacation _____

to return _____

to leave, _____
to get out

to travel _____

trip _____

Fold In

The preterite of -er and -ir verbs (p. 383)

- Regular **-er** and **-ir** verbs have their own set of preterite (past-tense) endings, just as they do in the present tense.
- The preterite endings for regular **-er** and **-ir** verbs are exactly the same.

comer → com- + endings			
yo	**comí**	nosotros/nosotras	**comimos**
tú	**comiste**	vosotros/vosotras	**comisteis**
usted/él/ella	**comió**	ustedes/ellos/ellas	**comieron**

escribir → escrib- + endings			
yo	**escribí**	nosotros/nosotras	**escribimos**
tú	**escribiste**	vosotros/vosotras	**escribisteis**
usted/él/ella	**escribió**	ustedes/ellos/ellas	**escribieron**

- Like regular **-ar** verbs in the preterite, regular **-er** and **-ir** verbs have an accent at the end of the **yo** and **usted/él/ella** forms: **comí, escribió.**

A. Write the missing preterite forms in the chart.

	comer	escribir	aprender	salir	correr
yo	comí				
tú		escribiste			
Ud./él/ella			aprendió		
nosotros/nosotras				salimos	
Uds./ellos/ellas					corrieron

B. Circle the correct preterite form to complete each sentence.

1. Sofía (**comí / comió**) en un restaurante mexicano.
2. Ellos (**escribimos / escribieron**) una tarjeta a sus abuelos.
3. Tú (**aprendiste / aprendió**) a hablar español.
4. Yo (**salí / saliste**) para el trabajo.
5. Tú y yo (**corrieron / corrimos**) en el parque anoche.
6. Marta y Marcos (**comió / comieron**) el almuerzo en la cafetería.
7. Yo (**aprendí / aprendió**) a montar en monopatín.
8. Usted (**salió / salieron**) después de las clases.

The preterite of -er and -ir verbs (continued)

C. Complete the following sentences with the correct form of the verb in parentheses. Follow the model.

Modelo Tú (**comer**) ____*comiste*____ en la cafetería.

1. Nosotros (**escribir**) _____ unas tarjetas.

2. Tú (**aprender**) _____ a esquiar.

3. Yo (**correr**) _____ en el parque.

4. Ellos (**salir**) _____ de la escuela a las tres.

5. Ud. (**comer**) _____ una hamburguesa.

6. Nosotros (**ver**) _____ un video anoche.

7. Ustedes (**compartir**) _____ una pizza.

8. Tú y yo (**aprender**) _____ a montar en monopatín.

9. Yo (**vivir**) _____ en un apartamento.

10. Ella (**comprender**) _____ la lección de ayer.

D. Use verbs from the list to say what you and your friends did last week.

aprender a	comer	compartir	escribir
ver	salir de	salir con	correr

1. Yo no _____ .

2. Yo no _____ .

3. Mis amigos y yo _____ .

4. Mis amigos y yo no _____ .

The preterite of *ir* (p. 385)

- **Ir** (*to go*) is an irregular verb in the present tense. It is also irregular in the preterite tense. Here are the preterite forms of **ir**.

yo	**fui**	nosotros/nosotras	**fuimos**
tú	**fuiste**	vosotros/vosotras	**fuisteis**
usted/él/ella	**fue**	ustedes/ellos/ellas	**fueron**

- The preterite forms of **ir** are the same as the preterite forms of the verb **ser** (*to be*). You can tell which verb is meant by the meaning of the sentence.

    Marcos **fue** a Nueva York.   *Marcos **went** to New York.*
    Fue un viaje fabuloso.   *It **was** a fabulous trip.*

A. Add the correct ending onto the preterite stem of **ir** to create its complete preterite form. Then rewrite the complete form. Follow the model.

> Modelo   yo fu*i*___ _____*fui*_____

1. yo fu_____ _____   4. nosotros fu_____ _____
2. tú fu_____ _____   5. ellos fu_____ _____
3. ella fu_____ _____   6. ustedes fu_____ _____

B. Circle the correct form of **ir** to complete each sentence.

1. Yo (**fue** / **fui**) a la tienda de ropa.
2. Ellos (**fueron** / **fuiste**) al estadio de béisbol.
3. Tú (**fueron** / **fuiste**) a un parque nacional.
4. Nosotros (**fuimos** / **fueron**) al parque de diversiones.
5. Ud. (**fui** / **fue**) al teatro.
6. Uds. (**fuiste** / **fueron**) a la ciudad para comprar ropa.
7. Tú y yo (**fuimos** / **fuiste**) al mar para bucear.

C. Complete each sentence by writing in the correct form of **ir**.

1. Yo _____ a un lugar muy bonito.
2. Tú _____ al estadio de fútbol americano.
3. Ella _____ al lago para pasear en bote.
4. Nosotros _____ a la playa para tomar el sol.
5. Ellos _____ al teatro para ver una obra de teatro.
6. Ud. _____ al monumento en el parque nacional.

The personal *a* (p. 387)

- You have learned to identify the direct object of a sentence. The direct object tells who or what receives the action of the verb.

    Compré <u>un anillo</u>.   *I bought <u>a ring</u>.*

    Vi <u>una obra de teatro</u>.   *I saw <u>a play</u>.*

- When the direct object is a person, a group of people, or a pet, you use **a** in front of the direct object. This use of the personal **a** has no equivalent in English and is not translated.

    Vi <u>un video</u>.   *I saw <u>a video</u>.*

    Vi <u>**a** mi abuela</u>.   *I saw <u>my grandmother</u>.*

    Vi <u>**a** mi perro León</u>.   *I saw <u>my dog León</u>.*

A. Underline the direct object in each sentence.

1. Vi un video.

2. Escribo una carta.

3. Visitaron a su familia.

4. Comimos una pizza.

5. Compraste una corbata.

6. Buscamos a nuestro perro.

B. Now, go look at each sentence from **part A** and write **P** next to those that refer to people or pets.

1. Vi un video. _____

2. Escribo una carta. _____

3. Visitaron a su familia. _____

4. Comimos una pizza. _____

5. Compraste una corbata. _____

6. Buscamos a nuestro perro. _____

C. Look at the sentences above in **part B** that you labeled with a **P**. Circle the personal **a** in each of those sentences.

D. Look at each sentence. If it requires a personal **a**, circle the **a** in parentheses. If it does not require a personal **a**, cross out the **a** in parentheses.

1. Compramos (a) un traje de baño y unos anteojos de sol.

2. Yo vi (a) un monumento grande en el parque nacional.

3. Escribimos muchas tarjetas (a) nuestros primos.

4. Visité (a) mi familia durante las vacaciones.

5. Lavaron (a) su perro Fifí.

6. Buscamos (a) una tienda de ropa buena.

7. Compré (a) un boleto de avión ayer.

8. Busqué (a) mi hermano menor en el parque de atracciones.

Capítulo 8A

Lectura: Álbum de mi viaje a Perú (pp. 390–391)

A. Sometimes you can use clues from the context of what you are reading to help discover the meaning of the word. Try to find the meaning of the five words listed below by using context clues from the reading in your textbook. Write in the English equivalent of each word in the space provided.

1. antigua _____

2. impresionantes _____

3. altura _____

4. construyeron _____

5. nivel _____

B. The reading in your textbook is a journal entry from a trip to Perú by the author Sofía Porrúa. Each day that she writes in the journal, she is in a different location. Choose the location from the word bank and write it next to the day to which it corresponds.

Cuzco	Machu Picchu	sobre las líneas de Nazca	en el lago Titicaca	Lima

1. domingo, 25 de julio _____

2. miércoles, 28 de julio _____

3. jueves, 29 de julio _____

4. sábado, 31 de julio _____

5. miércoles, 4 de agosto _____

C. In the first log entry, Sofía mentions her two companions, Beto and Carmen. Read the passage below about these two friends and answer the questions that follow.

> *Beto está sacando muchas fotos con su cámara digital. Carmen está dibujando todo lo que ve. Las montañas son fantásticas.*

1. Sofía is capturing the trip by keeping a journal. How is Beto capturing the trip?
_____ And Carmen? _____

2. What is Beto using to capture the trip? _____
What do you think Carmen is using? _____

Presentación oral (p. 393)

Task: You will talk about a trip you took. It can be a real or an imaginary trip. Use photographs or drawings to make your talk more interesting.

A. Think about the specifics of your trip. Answer the questions below in Spanish with as much detail as you can think of. Use complete sentences.

1. ¿Cuándo fuiste de viaje? _____

   _____

2. ¿Qué hiciste en tu viaje? _____

   _____

3. ¿Qué lugares visitaste? _____

   _____

4. ¿A quiénes viste? _____

   _____

5. ¿Compraste algo? _____ ¿Qué compraste? _____

   _____

B. You will need to create a visual presentation to go along with your talk. You can bring in actual photos or you can create drawings of a trip. Organize and attach your drawings or photos to a piece of posterboard. A good way to do this would be to put them in order of when they happened, going from the top to the bottom of the page.

C. Read the following model before you write up the script for your talk. Notice that you should add how you felt about the trip at the end.

> *En marzo de este año, fui a Florida para visitar a mi abuelita y a mis primos. Tomamos el sol en la playa y nadamos mucho. Aprendí a bucear y vi animales muy interesantes en el mar. Me gusta mucho Florida. Es un lugar fantástico. El viaje fue muy divertido.*

D. Now, write what you are going to say about your trip on the lines below. Remember to refer back to your photos or drawings.

_____

_____

_____

_____

Nombre _____   Hora _____

Capítulo 8B   Fecha _____   **Vocabulary Flash Cards, Sheet 1**

Write the Spanish vocabulary word below each picture. If there is a word or phrase, copy it in the space provided. Be sure to include the article for each noun.

Nombre _____   Hora _____

Capítulo 8B   Fecha _____   **Vocabulary Flash Cards, Sheet 2**

llevar ___	**usado, usada** ____, ___	___
recoger ___	**reciclar** ___	**la comunidad** ___ ___
separar ___	**el barrio** ___	___ ___

260 *Guided Practice Activities* — *Vocabulary Flash Cards 8B*

_____

_____

**la
anciana**

_____

_____

_____

_____

_____

_____

**la
gente**

_____

**el
anciano**

_____

_____

**los
demás**

_____

_____

_____

_____

Nombre _____ Hora _____

Capítulo 8B

Fecha _____ **Vocabulary Flash Cards, Sheet 4**

_____

_____

**la
niña**

_____

_____

_____ _____

_____ _____

**los
niños**

_____

_____

pobre

_____

_____

**el
trabajo
voluntario**

_____

_____

**el
niño**

_____

_____

**el
problema**

_____

_____

**el voluntario,
la voluntaria**

_____ _____

_____ _____

a menudo ___ _____	la experiencia ___ _____	inolvidable _____
decidir _____	Hay que... _____ _____	¿Qué más? _____ _____
Es necesario. _____ _____	increíble _____ _____	la vez _____ _____

otra
vez

_____

_____

decir

_____

_____

Tear out this page. Write the English words on the lines. Fold the paper along the dotted line to see the correct answers so you can check your work.

la bolsa _____

la botella _____

la caja _____

el cartón _____

el centro de
reciclaje _____
_____

la lata _____

llevar _____
_____

el periódico _____

el plástico _____

reciclar _____

recoger _____
_____

separar _____

usado, usada _____

el vidrio _____

el barrio _____

la calle _____

la comunidad _____

Fold In

Tear out this page. Write the Spanish words on the lines. Fold the paper along the dotted line to see the correct answers so you can check your work.

bag, sack _____

bottle _____

box _____

cardboard _____

recycling
center _____

can _____

to take;
to carry _____

newspaper _____

plastic _____

to recycle _____

to collect;
to gather _____

to separate _____

used _____

glass _____

neighborhood _____

street, road _____

community _____

Fold In

Tear out this page. Write the English words on the lines. Fold the paper along the dotted line to see the correct answers so you can check your work.

el jardín _____

el río _____

los ancianos _____

el campamento _____

los demás _____

la escuela primaria _____

la gente _____

el juguete _____

los niños _____

pobre _____

el proyecto de _____
construcción _____

el trabajo _____
voluntario

Fold In ↓

Tear out this page. Write the Spanish words on the lines. Fold the paper along the dotted line to see the correct answers so you can check your work.

garden, yard _____

river _____

older people _____

camp _____

others _____

primary school _____

people _____

toy _____

children _____

poor _____

construction project _____
_____

volunteer work _____
_____

Fold In ←

Capítulo 8B

The present tense of *decir* (p. 408)

- **Decir** (*to say, to tell*) is irregular in the present tense. Here are its forms:

yo	**digo**	nosotros/nosotras	**decimos**
tú	**dices**	vosotros/vosotras	**decís**
usted/él/ella	**dice**	ustedes/ellos/ellas	**dicen**

- Notice that all the forms have an **i** in the stem except for the **nosotros/nosotras** and **vosotros/vosotras** forms (**decimos, decís**).

A. Write the correct forms of **decir** in the chart.

yo	nosotros/nosotras
tú	vosotros/vosotras decís
Ud./él/ella	Uds./ellos/ellas

B. Circle the correct forms of **decir** to complete each sentence.

1. Mis abuelos (**dicen / dice**) que el parque es bonito.

2. Yo (**dices / digo**) que es un video interesante.

3. Tú (**dices / dicen**) que el restaurante es bueno.

4. Ellos (**dice / dicen**) que la profesora es inteligente.

5. Nosotros (**dicen / decimos**) que el parque de diversiones es fantástico.

6. Ustedes (**digo / dicen**) que es divertido bucear.

7. Tú y yo (**dices / decimos**) que nos gusta pasear en bote.

C. Write complete sentences to find out what the people indicated say about a museum. Follow the model.

Modelo   Inés / decir que es fantástico

_____Inés dice que es fantástico._____

1. tú / decir que es aburrido _____

2. yo / decir que es interesante _____

3. ellos / decir que es divertido _____

4. nosotros / decir que es grande _____

5. Ud. / decir que es impresionante _____

Capítulo 8B   Fecha _____

Indirect object pronouns (p. 410)

- An indirect object tells to whom or for whom an action is performed. In order to identify an indirect object, take the verb in the sentence and ask "For whom?" or "To whom?"

    Te traigo un recuerdo.   *I bring **you** a souvenir.*
    "*To whom* do I bring a souvenir?"   "*To **you**.*"

- Indirect object pronouns must agree with the person they refer to.

	Singular		**Plural**	
(yo)	**me** (to/for) me	**(nosotros)**	**nos** (to/for) us	
(tú)	**te** (to/for) you (familiar)	**(vosotros)**	**os** (to/for) you	
(Ud./él/ella)	**le** (to/for) you (formal), him, her	**(Uds./ellos/ellas)**	**les** (to/for) you (formal), them	

- Like direct object pronouns, indirect object pronouns go before a conjugated verb.

    Te compré una tarjeta.   *I bought **you** a card.*

- When there is an infinitive with a conjugated verb, the indirect object pronoun can attach to the end of the infinitive or go before the conjugated verb.

    Me van a comprar una camiseta.   *They are going to buy **me** a T-shirt.*
    Van a comprar**me** una camiseta.   *They are going to buy **me** a T-shirt.*

A. Underline the indirect object pronoun in each sentence.

1. Te escribí una tarjeta.   4. Nos dan regalos.

2. Me trae un vaso de agua.   5. Les compramos una camiseta.

3. Le ayudo con la tarea.   6. Le llevamos unos libros.

B. Circle the correct indirect object pronoun. Follow the model.

Modelo tú: (**Te** / **Le**) damos un boleto de avión.

1. yo: (**Me** / **Nos**) ayudan con la tarea.

2. tú: (**Te** / **Les**) llevo un regalo.

3. ella: (**Le** / **Les**) escribo una tarjeta.

4. nosotros: (**Nos** / **Les**) compraron unos zapatos.

5. ellos: (**Le** / **Les**) trae un vaso de agua.

6. él: (**Le** / **Me**) lavo el coche.

7. tú: (**Me** / **Te**) damos unas flores.

8. tú y yo: (**Me** / **Nos**) traen un recuerdo de las vacaciones.

Indirect object pronouns *(continued)*

C. Write the correct indirect object pronoun in each sentence. Follow the model.

| Modelo | yo: | __*Me*__ | traen el periódico. |

1. yo: _____ ayudan a limpiar el baño.

2. tú: _____ compran una sudadera.

3. él: _____ dan una bicicleta nueva.

4. nosotros: _____ traen unas cajas de cartón.

5. Ud.: _____ escriben una tarjeta.

6. ellos: _____ compro unos platos.

7. tú y yo: _____ traen una pizza grande.

8. Uds.: _____ compro un boleto de avión.

9. yo: _____ traen un vaso de jugo.

10. tú: _____ dan unos juguetes.

D. Write sentences to say to whom Susana is telling the truth. Follow the model.

| Modelo | yo | *Susana me dice la verdad.* |

1. tú _____

2. él _____

3. nosotros _____

4. ellos _____

5. ella _____

6. tú y yo _____

7. ustedes _____

The preterite of *hacer* and *dar* (p. 412)

- The verbs **hacer** (*to make, to do*) and **dar** (*to give*) are irregular in the preterite.

hacer

yo	hice	nosotros/nosotras	hicimos
tú	hiciste	vosotros/vosotras	hicisteis
usted/él/ella	hizo	ustedes/ellos/ellas	hicieron

yo	di	nosotros/nosotras	dimos
tú	diste	vosotros/vosotras	disteis
usted/él/ella	dio	ustedes/ellos/ellas	dieron

- These verbs have no accent marks in the preterite forms.
- Notice the change from **c** to **z** in the **usted/él/ella** form of **hacer: hizo**.

A. Write the missing forms of **hacer** and **dar** in the chart.

	hacer	dar
yo	hice	
tú		diste
Ud./él/ella		dio
nosotros/nosotras	hicimos	
Uds./ellos/ellas		dieron

B. Circle the correct forms of **hacer** and **dar** for each subject pronoun.

1. tú (**diste / dio**), (**hizo / hiciste**)
2. yo (**dio / di**), (**hice / hicimos**)
3. tú y yo (**dimos / diste**), (**hizo / hicimos**)
4. ellas (**di / dieron**), (**hice / hicieron**)
5. él (**diste / dio**), (**hizo / hice**)
6. Ud. (**di / dio**), (**hizo / hiciste**)

C. Complete each sentence with the correct form of the verb indicated. Follow the model. The boldfaced word is the subject of the sentence.

Modelo   **Ella** me (dar) _____*dio*_____ un libro.

1. **Tú** me (dar) _____ un regalo bonito.
2. **Ellos** me (hacer) _____ un suéter fantástico.
3. **Nosotros** te (dar) _____ unos discos compactos.
4. **Ud.** me (hacer) _____ un pastel sabroso.

Capítulo 8B

Fecha _____

Lectura: Hábitat para la Humanidad Internacional (pp. 416–417)

A. Recognizing cognates has helped you understand many of the readings in your textbook. The reading on Habitat for Humanity is no exception. Look at the words below and write their English equivalents in the spaces provided.

1. organización _____
2. internacional _____
3. comunidades _____

4. donaciones _____
5. privadas _____
6. miembros _____

B. Answer the following questions in Spanish in order to understand the main idea of the reading in your textbook.

1. ¿Qué es Hábitat y qué hace? Hábitat es una _____

_____ .

2. ¿Cuál es el objetivo de Hábitat? Su objetivo es _____

_____ .

3. ¿Cuántos proyectos en total tiene Hábitat en el mundo? Hábitat tiene _____

_____ .

C. Now, read the following passage to get more specific information about a typical Habitat project. Answer the questions that follow.

> *Según Hábitat, las personas pobres tienen que ayudar a construir sus casas. Es una manera positiva de ayudar a los demás. Hábitat les da los materiales de construcción y los trabajadores voluntarios.*

1. According to Habitat, who has to help build the houses? _____

_____

2. Who gives these people materials? _____

_____

3. Who else helps build the houses? _____

_____

4. Why do you think Habitat has such success? _____

_____

_____

Presentación escrita (p. 419)

Task: Imagine that you have to organize a clean-up campaign for a park, recreation center, school playground, or other place in your community. Make a poster announcing the project and inviting students to participate.

❶ Prewrite. Answer the following questions about your project:

a)   ¿Qué van a limpiar ustedes?

_____

b)   ¿Dónde está el lugar?

_____

c)   ¿Qué tienen que hacer para preparar a limpiar?

_____

d)   ¿Qué día van a trabajar?

_____

e)   ¿Cuántas horas van a trabajar?

_____

f)   ¿Quién(es) puede(n) participar?

_____

❷ Draft. Your answers to the questions above will determine what you say in your rough draft. Write your answers on a separate sheet of paper and organize them so that they will be easy to read and understand. You should also include any drawings, photos, or useful magazine cutouts you can find as part of your poster.

❸ Revise. Check your rough draft to make sure it is what you want. Your partner will check your work. Look on page 419 of your textbook to see what he or she will check.

❹ Publish. Take your partner's suggestions and do the changes necessary to make your poster as complete and effective as you can. Since you are now working on your final draft, your writing should be neat and your presentation should be on a clean poster. Your work may be presented in the classroom or even on the walls elsewhere in school, so make it look attractive!

Write the Spanish vocabulary word below each picture. If there is a word or phrase, copy it in the space provided. Be sure to include the article for each noun.

el canal		
_____	_____	_____
_____	_____	_____
_____	_____	_____
_____	_____	_____
_____	_____	_____
_____	_____	_____

Nombre _____   Hora _____

Capítulo 9A   Fecha _____   **Vocabulary Flash Cards, Sheet 2**

_____

_____

_____

_____

_____

_____

_____

_____

_____

_____

_____

_____

_____

_____

_____

_____

**la
actriz**

_____

cómico, cómica

_____,

_____

infantil

_____

violento, violenta

_____,

_____

emocionante

_____

realista

_____

me aburre(n)

_____

_____

fascinante

_____

tonto, tonta

_____,

_____

me interesa(n)

_____

dar	terminar	medio, media
		_____,
_____	_____	_____

durar	más de	¿Qué clase de...?
	_____	_____
_____	_____	_____

empezar	menos de	acabar de
	_____	_____
_____	_____	_____

aburrir	**faltar**	**antes de**
_____	_____	_____
doler	**interesar**	**casi**
_____	_____	_____
encantar	**quedar**	**¿De veras?**
_____	_____	_____

especialmente

ya

_____

_____

por eso

_____

_____

_____

_____

sobre

_____

_____

_____

_____

_____

Capítulo 9A

Tear out this page. Write the English words on the lines. Fold the paper along
the dotted line to see the correct answers so you can check your work.

el canal _____

el programa
de concursos _____

el programa de
dibujos animados _____

el programa
deportivo _____

el programa de
entrevistas _____

el programa de
la vida real _____

el programa de
noticias _____

el programa
educativo _____

el programa
musical _____

la telenovela _____

la comedia _____

el drama _____

la película de
ciencia ficción _____

Fold In →

Capítulo 9A

Vocabulary Check, Sheet 2

Tear out this page. Write the English words on the lines. Fold the paper along the dotted line to see the correct answers so you can check your work.

channel _____

game show _____
_____

cartoon show _____
_____

sports show _____
_____

interview show _____
_____

reality program _____
_____

news program _____
_____

educational program _____
_____

musical program _____
_____

soap opera _____

comedy _____

drama _____

science fiction movie _____
_____

Fold In →

Tear out this page. Write the English words on the lines. Fold the paper along the dotted line to see the correct answers so you can check your work.

la película de horror _____

la película policíaca _____
_____

la película romántica _____
_____

emocionante _____

fascinante _____

infantil _____
_____

tonto, tonta _____

violento, violenta _____

el actor _____

la actriz _____

dar _____

durar _____

empezar _____

terminar _____

Fold In

Tear out this page. Write the English words on the lines. Fold the paper along the dotted line to see the correct answers so you can check your work.

horror movie   _____

                     _____

crime movie,   _____
mystery
                     _____

romantic   _____
movie
                     _____

touching   _____

fascinating   _____

for children;   _____
childish

silly, stupid   _____

violent   _____

actor   _____

actress   _____

to show   _____

to last   _____

to begin   _____

to end   _____

Fold In →

Acabar de + infinitive (p. 434)

- Use present-tense forms of **acabar** with an infinitive to say that you and others have just finished doing something.

  Acabo de tomar una siesta.   *I just took a nap.*

  Acabamos de patinar.   *We just went skating.*

- Here are the present-tense forms of **acabar**, which is a regular **-ar** verb.

yo	acabo	nosotros/nosotras	acabamos
tú	acabas	vosotros/vosotras	acabáis
usted/él/ella	acaba	ustedes/ellos/ellas	acaban

A. Write the correct forms of **acabar** in the chart.

yo		nosotros/nosotras	
tú		vosotros/vosotras	acabáis
Ud./él/ella		Uds./ellos/ellas	

B. Circle the correct form of **acabar** to complete each sentence.

1. Yo (**acaba** / **acabo**) de ver un programa de la vida real.

2. Tú (**acabas** / **acabamos**) de ir al cine.

3. Ellos (**acaban** / **acaba**) de ver un video.

4. Tú y yo (**acabas** / **acabamos**) de cambiar el canal.

5. Usted (**acabo** / **acaba**) de ver una película policíaca.

6. Nosotros (**acabas** / **acabamos**) de hablar de las comedias.

7. Ustedes (**acabamos** / **acaban**) de comprar un lector DVD.

C. Complete each sentence with an activity you recently finished. Use the activities from **part B** above for ideas.

1. Yo acabo de _____.

2. Mis amigos y yo acabamos de _____.

3. Mi profesor (profesora) acaba de _____.

4. Los estudiantes de la escuela acaban de _____.

Fecha _____

Acabar de + infinitive (continued)

D. Complete the following conversations with the correct forms of **acabar**.

ADELA: Mis amigos y yo _____ de ver una película de horror.

ANA: ¿Sí? ¡Qué casualidad! Yo también _____ de ver una película de horror.

LUIS: ¿Tú _____ de ver las noticias?

MARCOS: Sí. ¿Y ustedes?

LUIS: Nosotros _____ de ver un programa de concursos.

E. Create complete sentences. Follow the model.

Modelo   Alejandra / acabar de / sacar la basura

Alejandra acaba de sacar la basura. _____

1. Natalia / acabar de / dar de comer al gato

   _____

2. yo / acabar de / lavar los platos

   _____

3. ellos / acabar de / quitar la mesa

   _____

4. tú y yo / acabar de / cortar el césped

   _____

5. tú / acabar de / limpiar el baño

   _____

6. Ud. / acabar de / pasar la aspiradora

   _____

F. Complete each sentence with forms of **acabar de** to say what you and other people you know recently did.

1. Yo _____.

2. Mi familia _____.

3. Mis amigos y yo _____.

4. Los estudiantes de la escuela _____.

Fecha _____

Gustar and similar verbs (p. 436)

- **Gustar** (*to please*) is different from other verbs you've learned. It is only used in its *third person forms*: **gusta** and **gustan**.
- **Gustar** is used with *indirect object pronouns* (**me, te, le, nos,** and **les**).
- **Gustar** agrees with the *subject* of the sentence, which is the object or objects that are pleasing to someone.

  indirect object pronoun + **gusta** + **singular** subject:

  Me **gusta** esa **comedia**. *I like that comedy. (That comedy pleases me.)*

  indirect object pronoun + **gustan** + **plural** subject:

  Nos **gusta**n los **dramas**. *We like dramas. (Dramas please us.)*

- Some other verbs are similar to **gustar**:

aburrir (aburre/aburren) (*to bore*):	Me **aburre** ese **programa**.
	Me **aburren** las **telenovelas**.
doler (duele/duelen) (*to hurt*):	Te **duele** la **mano**.
	Te **duelen** los **pies**.
encantar (encanta/encantan) (*to like a lot*):	Nos **encanta** el **teatro**.
	Nos **encantan** los **museos**.
faltar (falta/faltan) (*to lack, to be missing*):	Les **falta** un **vaso**.
	Les **faltan** los **anteojos**.
interesar (interesa/interesan) (*to interest*):	Me **interesa** la **literatura**.
	Me **interesan** las **ciencias**.
quedar (queda/quedan) (*to fit*):	Te **queda** bien el **vestido**.
	Te **quedan** bien los **zapatos**.

A. Look at each sentence. Circle the subject and underline the form of **gustar**. Follow the model.

Modelo   Te gustan los programas de noticias.   *P*

1. Me gustan los programas de entrevista.   _____

2. Nos gusta la telenovela nueva.   _____

3. ¿Te gusta el canal de deportes?   _____

4. Les gustan los programas de dibujos animados.   _____

5. Le gustan los programas de la vida real.   _____

6. Nos gusta el programa musical en el canal 27.   _____

B. Now, go back to the sentences in **part A** and write an **S** if they are singular (**gusta** + singular subject) or a **P** if they are plural (**gustan** + plural subject).

Gustar and similar verbs *(continued)*

C. Circle the correct form of **gustar** to complete each sentence.

1. Nos (**gusta** / **gustan**) las ciudades grandes.

2. Te (**gusta** / **gustan**) los parques nacionales.

3. Les (**gusta** / **gustan**) el teatro.

4. Me (**gusta** / **gustan**) el parque de diversiones.

5. Le (**gusta** / **gustan**) los animales.

D. Write the correct form of **gustar** to complete each sentence.

1. Nos _____ los jeans.   4. Me _____ el traje.

2. Les _____ los zapatos.   5. Te _____ las botas.

3. Le _____ la gorra.   6. Les _____ el suéter.

E. These sentences use verbs that are similar to **gustar**. Circle the correct form for each verb.

1. Nos (**encanta** / **encantan**) las tiendas de ropa.

2. Me (**aburre** / **aburren**) los programas de la vida real.

3. Te (**duele** / **duelen**) los pies.

4. Les (**interesa** / **interesan**) los programas de noticias.

5. Le (**falta** / **faltan**) un cuchillo.

6. Me (**queda** / **quedan**) bien la falda.

F. Now write **a** or **an** to complete each of the following verbs.

1. Me encant____ los programas de concursos.

2. Te interes____ la nueva telenovela.

3. Nos falt____ un vaso.

4. Me qued____ bien la sudadera.

G. Write **e** or **en** to complete each of the following verbs.

1. Le aburr____ los programas educativos.

2. Me duel____ la cabeza.

3. Nos aburr____ ese libro.

4. Te duel____ el estómago.

Capítulo 9A

Fecha _____

Lectura: Limitar el tiempo delante de la pantalla (pp. 440–441)

A. Read through the reading in your textbook without stopping to look up words in a dictionary. On a separate sheet of paper, make a list of any words you don't know. Then, answer the following questions about the reading in Spanish. If you have trouble with any of the words, look them up while you answer the questions.

1. El tiempo frente a una pantalla debe limitarse a dos horas, excepto por dos razones. ¿Cuáles son esas dos razones?

   _____ y _____

2. Según la lectura, ¿cuáles son tres tipos de pantalla que usamos mucho?

   _____, _____ y

   _____

3. Según la lectura, ¿en qué podemos usar mejor el tiempo que pasamos delante de la pantalla?

   _____

B. Read through the reading in your textbook once more. If there are words or phrases you still do not understand, look them up in a dictionary. Now, answer the questions below circling **C** for **cierto** (*true*) and **F** for **falso** (*false*).

1. C F   Según la lectura, limitar el uso de la computadora es fácil.

2. C F   Los niños no deben estar delante de una pantalla más de dos horas.

3. C F   La Fundación Kaiser estudió niños que tienen menos de 7 años.

4. C F   Casi el 30% de los padres establecen reglas sobre el horario de televisión.

5. C F   Cuando los padres tienen reglas, los niños pasan casi tres horas menos delante de la pantalla.

C. You may have a discussion about the benefits and drawbacks of limiting screen time on electronic devices. Think of which argument you want to support. Then write three reasons in Spanish for why you feel this way. You can use information from the reading in your textbook or from personal experience.

Razón 1: _____

Razón 2: _____

Razón 3: _____

Presentación oral (p. 443)

Task: You are going to write a review of a movie or television show that was on your school's closed-circuit TV system. Prepare a summary of the movie or show.

A. Choose a movie or show to talk about. Fill in the chart with the information about your show or movie.

Nombre	
Clase de película o programa	
Actor/Actores	
Actriz/Actrices	
Cómo es	
Cuánto tiempo dura	
Para quiénes es	

B. Collect visuals to go along with your presentation. They could be ads or photos from a newspaper or magazine, such as a TV guide, or you could download pictures from the Internet. Make a poster with all of the items you collect.

C. Use the notes you took in **part A** to prepare your presentation. Write out complete sentences for each topic in the spaces below.

1. _____.
2. _____.
3. _____.
4. _____.
5. _____.
6. _____.
7. _____.

D. Now, put together your finished poster and your sentences and practice your presentation. Remember to:

_____ speak clearly

_____ use complete sentences

_____ provide all key information about the movie or show

Write the Spanish vocabulary word below each picture. If there is a word or phrase, copy it in the space provided. Be sure to include the article for each noun.

_____ _____ _____	**enviar** _____	**buscar** _____
_____ _____	_____ _____	_____ _____
comunicarse _____	**bajar** _____	**la canción** _____ _____

la composición	el curso	el documento

escribir por correo electrónico

crear

estar en línea

_____

_____

_____

el informe

_____

_____

_____

_____

_____

los gráficos

_____

_____

el laboratorio

_____

_____

la presentación

_____

_____

la información

_____

_____

_____

_____

_____

_____

visitar salones de chat

_____

_____

¿Qué te parece?

_____   _____

_____

tener miedo (de)

_____

_____   ___

complicado, complicada

_____ ,

_____

rápidamente

_____

conocer

_____

¿Para qué sirve?

_____   ___

_____

Sirve para...

_____

_____

saber

_____

Capítulo 9B

Tear out this page. Write the English words on the lines. Fold the paper along the dotted line to see the correct answers so you can check your work.

cara a cara _____

la carta _____

comunicarse _____

_____

enviar _____

la tarjeta _____

bajar _____

buscar _____

la cámara
digital _____

la canción _____

la composición _____

la computadora
portátil _____

crear _____

el curso _____

la diapositiva _____

la dirección
electrónica _____

el documento _____

Fold In →

Capítulo 9B

Fecha _____ **Vocabulary Check, Sheet 2**

Tear out this page. Write the Spanish words on the lines. Fold the paper along the dotted line to see the correct answers so you can check your work.

face-to-face _____

letter _____

to communicate (with) _____

to send _____

card _____

to download _____

to search (for) _____

digital camera _____

_____

song _____

composition _____

laptop computer _____

_____

to create _____

course _____

slide _____

e-mail address _____

_____

document _____

Fold In

Nombre _____

Hora _____

Fecha _____

Tear out this page. Write the English words on the lines. Fold the paper along the dotted line to see the correct answers so you can check your work.

escribir por
correo electrónico   _____
                        _____

estar en línea   _____

grabar un disco
compacto   _____

los gráficos   _____

la información   _____

el informe   _____

el laboratorio   _____

navegar en la Red   _____

la presentación   _____

el sitio Web   _____

visitar salones
de chat   _____
                        _____

Fold In →

Tear out this page. Write the Spanish words on the lines. Fold the paper along
the dotted line to see the correct answers so you can check your work.

to send an   _____
e-mail message   _____

to be online   _____

to burn a CD   _____

                              _____

graphics   _____

information   _____

report   _____

laboratory   _____

to surf the Web   _____

presentation   _____

Web site   _____

to visit   _____
chat rooms   _____

Fold In ←

The present tense of *pedir* and *servir* (p. 458)

- You have learned other verbs with stem changes in the present tense (**pensar, querer, preferir**), where the stem changes from **e** to **ie**.
- **Pedir** (to *ask for*) and **servir** (to *serve, or to be useful for*) are also stem-changing verbs in the present tense, but their stem changes from **e** to **i**.
- Here are the present tense forms of **pedir** and **servir**. Notice that the **nosotros/nosotras** and **vosotros/vosotras** forms do not change their stem.

yo	**pido**	nosotros/nosotras	**pedimos**
tú	**pides**	vosotros/vosotras	**pedís**
usted/él/ella	**pide**	ustedes/ellos/ellas	**piden**

yo	**sirvo**	nosotros/nosotras	**servimos**
tú	**sirves**	vosotros/vosotras	**servís**
usted/él/ella	**sirve**	ustedes/ellos/ellas	**sirven**

A. Complete the chart with the correct forms of **pedir** and **servir**.

	pedir	servir
yo	pido	
tú		sirves
Ud./él/ella		
nosotros/nosotras		
Uds./ellos/ellas		

B. Write **e** or **i** in the blank to complete each verb form.

1. yo p_____do
2. tú s_____rves
3. nosotros s_____rvimos
4. ellos p_____den
5. Ud. s_____rve

6. ellos s_____rven
7. nosotros p_____dimos
8. ella s_____rve
9. yo s_____rvo
10. tú p_____des

The present tense of *pedir* and *servir (continued)*

C. Circle the correct form of **pedir** or **servir** to complete each sentence.

1. Tú (**sirve** / **sirves**) café con leche y unas galletas.

2. Yo (**pido** / **pedimos**) una hamburguesa con papas fritas para el almuerzo.

3. Nosotros (**pido** / **pedimos**) un jugo de naranja.

4. Este libro (**sirves** / **sirve**) para aprender química.

5. Ellos (**pedimos** / **piden**) un tenedor limpio.

6. Todos los domingos mi madre (**sirve** / **sirven**) pescado para la cena.

7. Tú y yo (**pido** / **pedimos**) ayuda con la computadora.

8. Las computadoras (**sirven** / **servimos**) para conectar los sitios Web.

D. Write the correct form of the verb in the blank. Follow the model.

Modelo Yo siempre (pedir)_____*pido*_____ yogur para el desayuno.

1. Mis amigos (**servir**) _____ café con el postre.

2. Nosotros siempre (**pedir**) _____ café con leche.

3. Las computadoras (**servir**) _____ para navegar la Red.

4. Tú y yo (**servir**) _____ jugo de naranja con una ensalada de frutas.

5. Tú siempre (**pedir**) _____ pizza para la cena.

6. Mis hermanos siempre (**pedir**) _____ huevos para el desayuno.

E. Complete the following sentences in a logical manner. Follow the models for ideas.

Modelos Los bolígrafos (**servir**)_____*sirven para escribir*_____.

En el restaurante mexicano, yo siempre (**pedir**)_____*pido enchiladas*_____.

1. Mi computadora (**servir**) _____

_____.

2. Para el desayuno, yo siempre (**pedir**) _____

_____.

3. Para el almuerzo, la cafetería siempre (**servir**) _____

_____.

4. Cuando vamos a un restaurante, mis amigos y yo (**pedir**) _____

_____.

Saber and conocer (p. 460)

- Both these verbs are irregular in the **yo** form only. Here are their present-tense forms.

yo	<u>sé</u>	nosotros/nosotras	sabemos
tú	sabes	vosotros/vosotras	sabéis
usted/él/ella	sabe	ustedes/ellos/ellas	saben

yo	<u>conozco</u>	nosotros/nosotras	conocemos
tú	conoces	vosotros/vosotras	conocéis
usted/él/ella	conoce	ustedes/ellos/ellas	conocen

A. Write the missing forms of **saber** and **conocer** in the chart.

	saber	conocer
yo	sé	
tú		
Ud./él/ella		
nosotros/nosotras		conocemos
Uds./ellos/ellas		

- Both **saber** and **conocer** mean *to know*.
- **Saber** means *to know how to do something* or *to know a fact*:

     Ella **sabe patinar.**   *She **knows how to skate**.*

     Él **sabe la respuesta.**   *He **knows the answer**.*

- **Conocer** means *to know a person* or *to be familiar with a place or thing*. Remember to use the personal **a** with **conocer** when it is used with a person.

     Ella **conoce Madrid.**   *She **knows (is familiar with) Madrid**.*

     Él **conoce <u>a</u> Miguel.**   *He **knows Miguel**.*

B. Look at each person, place, or thing. Write **S** if you would use **saber** or **C** if you would use **conocer**. Follow the model.

Modelo   <u>*S*</u>   las matemáticas

1. _____ la profesora de español
2. _____ nadar
3. _____ tocar la guitarra
4. _____ Tokyo
5. _____ Britney Spears
6. _____ la respuesta correcta

Saber and *conocer* (continued)

C. Circle the correct verb form of **conocer** in each sentence.

1. Yo (**conoce** / **conozco**) una tienda muy buena para comprar ropa.

2. Ellos (**conoces** / **conocen**) muy bien la ciudad de Nueva York.

3. Ella (**conoce** / **conozco**) a todos los estudiantes de la clase.

4. Tú y yo (**conocemos** / **conozco**) la música de Carlos Santana.

D. Circle the correct form of **saber** in each sentence.

1. Nosotros (**saben** / **sabemos**) hablar español.

2. Yo (**sabe** / **sé**) la respuesta correcta.

3. Tú (**sabes** / **sabe**) dónde está la clase de matemáticas.

4. Ud. (**sabes** / **sabe**) esquiar y nadar.

E. Complete each sentence with a form of **saber** or **conocer**. Circle the correct verb form according to the context.

1. Tú y yo (**sabemos** / **conocemos**) tocar el piano.

2. Ellas (**saben** / **conocen**) dónde están las llaves.

3. Yo (**sé** / **conozco**) al presidente de los Estados Unidos.

4. Tú (**sabes** / **conoces**) bien la ciudad de Chicago.

5. Ud. (**sabe** / **conoce**) usar la computadora nueva.

6. Nosotros (**sabemos** / **conocemos**) el nombre de una canción en español.

7. Tú (**sabes** / **conoces**) a todos los estudiantes de la clase.

8. Uds. (**saben** / **conocen**) a la estudiante nueva.

F. Complete the following sentences. Use ideas from the activities above or other words you know. Follow the model.

Modelo Yo (saber) _____*sé montar en bicicleta*_____.

1. Yo (saber) _____.

2. Yo no (saber) _____.

3. Yo (conocer) _____.

4. Yo no (conocer) _____.

Capítulo 9B

Lectura: La invasión del ciberspanglish (pp. 464–465)

A. The article in your textbook talks about the influence of computers on language. What computer terms can you think of in English? Write ten words or phrases that are commonly used when talking about the computer or the Internet. The first two have been done for you.

1. *surf the Web* _____   6. _____
2. *to download* _____   7. _____
3. _____   8. _____
4. _____   9. _____
5. _____   10. _____

B. Did you find words in the reading similar to those on your list? You may have found the *ciberspanglish* words as well as the more correct Spanish terms for each word. Look on the chart in your reading and find the *ciberspanglish* and Spanish words for each.

	Ciberspanglish	**Español**
1. to chat	_____	_____
2. to reboot	_____	_____
3. to program	_____	_____
4. clip art	_____	_____
5. to print	_____	_____

C. Which list has the longer words in **part B**? Read the excerpts from the reading in your textbook. Then, write in English why some people want to use *ciberspanglish* terms and why some people prefer to use Spanish terms for computer-related words.

> *A algunas personas no les gusta nada este nuevo "idioma". Piensan que el español es suficientemente rico para poder traducir los términos del inglés.*
>
> *Hay otros que dicen que no hay problemas con mezclar los idiomas para comunicarse mejor. Piensan que el "ciberspanglish" es más fácil y lógico porque los términos técnicos vienen del inglés y expresarlos en español es bastante complicado.*

1. It is better to use Spanish because _____
_____

2. It is better to use *ciberspanglish* because _____
_____.

Presentación escrita (p. 467)

Task: Pretend that your parents think you spend too much time at the computer. Write an e-mail to a friend in Mexico defending your computer use.

❶ Prewrite. Fill in the chart below. In the first column, write in Spanish three ways you use the computer. In the second column, write the benefit (**ventaja**) to you. Use the first example as a guide.

Cómo uso la computadora	La ventaja
Busco información para mis clases, en Internet.	*Aprendo mucho y es muy interesante.*

❷ Draft. Use the information from the chart to write your e-mail.

❸ Revise. Before you have a partner review your work, check for spelling, accent marks, correct vocabulary use, and verb forms. Your partner will review the following:

_____ Is the paragraph easy to read and understand?

_____ Does the paragraph provide good reasons and support your position?

_____ Is there anything that you could add to give more information?

_____ Is there anything that you could change to make it clearer?

_____ Are there any errors that you missed?

❹ Publish. Rewrite the e-mail making any change suggested by your partner or by changing anything you didn't like.

❺ Evaluation. Your teacher will grade you on the following:

- the amount of information provided
- how well you presented each reason and its benefit
- your use of vocabulary and accuracy of spelling and grammar

Nombre _____ Hora _____

Fecha _____

Vocabulary Flash Cards,

Vocabulary Flash Cards

Nombre

Hora

Fecha

Vocabulary Flash Cards,

Nombre _____ Hora _____

Fecha _____ **Vocabulary Flash Cards,**

Vocabulary Flash Cards,

Nombre _____ Hora _____

Fecha _____ **Vocabulary Flash Cards**

Nombre _____ Hora _____

Fecha _____ **Vocabulary Flash Cards**

Nombre _____ Hora _____

Fecha _____ **Vocabulary Flash Cards**

Vocabulary Flash Cards

Nombre _____ Hora _____

Fecha _____ **Vocabulary Flash Cards**

Nombre _____ Hora _____

Fecha _____

Vocabulary Flash Cards

Nombre _____   Hora _____

Fecha _____   **Vocabulary Flash Cards**

Nombre

Hora

Fecha

Vocabulary Flash Cards